新生代管理沟通

Management Communication for the New Generation

尚 哲◎著

科学技术文献出版社

SCIENTIFIC AND TECHNICAL DOCUMENTATION PRESS

·北京·

图书在版编目（CIP）数据

新生代管理沟通 = Management Communication for the New Generation / 尚哲著. —北京：科学技术文献出版社，2024.3
ISBN 978-7-5235-1212-8

Ⅰ. ①新… Ⅱ. ①尚… Ⅲ. ①管理学 Ⅳ. ①C93

中国国家版本馆 CIP 数据核字（2024）第 046272 号

新生代管理沟通

策划编辑：郝迎聪	责任编辑：孙江莉	责任校对：王瑞瑞	责任出版：张志平

出 版 者　科学技术文献出版社
地　　址　北京市复兴路15号　邮编　100038
出 版 部　（010）58882941，58882087（传真）
发 行 部　（010）58882868，58882870（传真）
官方网址　www.stdp.com.cn
发 行 者　科学技术文献出版社发行　全国各地新华书店经销
印 刷 者　北京厚诚则铭印刷科技有限公司
版　　次　2024 年 3 月第 1 版　2024 年 3 月第 1 次印刷
开　　本　710×1000　1/16
字　　数　105千
印　　张　9.25
书　　号　ISBN 978-7-5235-1212-8
定　　价　38.00元

前　言

当前，"00后"已经逐渐走向工作岗位，作为网络原住民的新生代职场打工人，展示出与"90后""80后""70后"等的需求偏好、沟通风格等差异。本书通过6个章节介绍了新生代沟通的特点，包括新生代职场适应的案例、新生代职场适应的量表开发、新生代消费者对直播带货的消费偏好，以及新生代员工管理过程中的组织文化、上下级关系中的表面顺从问题。

第一章开篇介绍新生代沟通的特点。具体而言，梳理新生代亚文化特征、新生代的职场沟通表现、新生代与其父母的代际沟通状态，以及尚未进入职场的新生代大学生的沟通困境，以勾勒出新生代沟通特点的样貌。第二章通过公共部门场景中的新生代沟通案例研究，多层次展开剖析职场中的新员工适应的沟通方式和特点。第三章用量表开发的方法研究公共部门新员工职业适应问题，并形成了测量公职人员入职适应的量表工具。第四章探讨在当前火爆的直播带货的销售方式下，新生代消费者对农户主播的偏好及其中介机制。

第五章、第六章从新生代员工管理的视角出发，探讨了新生代管理沟通中的文化自信、表面顺从行为。第五章通过实地调研具有文化引领作用和教育宣传意义的社会组织（北京陶瓷艺术馆）的新生代员工的管理风格，进一步响应引领青年人价值观、增强文化认同与文化自信的号召，分析新生代的需求和偏好特点，探讨如何推动多元活动与引领年轻人的价值追求相匹配、营造包容支持的团队氛围与年轻人的言论开放表达需求相匹配。

第六章通过综述相关领域的文献，探讨了新生代个体在与组织价值观出现差异时，在管理沟通中隐藏自己的价值观，假装接受组织价值观的"表面顺从"现象。新生代面对价值观冲突时的表面顺从不仅会对个人身心健康、工作发展造成负面影响，还不利于组织的长期发展。本章通过阐述表面顺从的前因、后果及其心理机制，以提供在中国本土情境下的对策建议。

简言之，本书对新生代的管理沟通现状进行梳理，列举与父母的代际沟通状态、新生代在校园的沟通表现、新生代初入职场的沟通特点等。而后通过开展新生代入职适应的管理沟通案例研究、量表开发研究，新生代管理中的文化自信案例分析，综述分析表面顺从现象，为读者展开了一幅新生代管理沟通的新鲜画面。

目　录

第一章　新生代沟通特点概述

第二章　为新手适应"砌墙"还是"开窗"？公共部门中新生代职场适应的案例研究

第三章　公共部门新员工职业适应力量表开发

第四章 愉悦并选择相信？农户主播特征对新生代消费者购买意愿的影响
——感知愉悦和感知信任的中介作用

第五章 古典文化在现代苏醒?
——文化自信与新生代员工管理

第六章 管理沟通中的表面顺从：概念、测量与影响

第一章　新生代沟通特点概述

习近平总书记强调，"我国是中国共产党领导的社会主义国家，这就决定了我们的教育必须把培养社会主义建设者和接班人作为根本任务，培养一代又一代拥护中国共产党领导和我国社会主义制度、立志为中国特色社会主义奋斗终身的有用人才"。2023 年 3 月 5 日，习近平总书记在参加十四届全国人民代表大会第一次会议江苏代表团审议会时，再一次勉励教育工作者，要善于从五千年中华传统文化中汲取优秀的东西，同时也不摒弃西方文明成果，真正把青少年培养成为拥有"四个自信"的孩子。教育兴则国家兴，教育强则国家强。我国当代青年的教育培养必须以立德树人作为根本任务。

1.1　新生代亚文化特点与父母沟通方式

1.1.1　新生代亚文化

"00 后"是直接享受改革开放成果的一代人，在多元时代背景下拥有充足的选择机会和广阔的拓展空间，面对更加多元化、多层次、多视角的价值判断，"00 后"群体的自我认知也发生了深刻的变化：他们不再认为谈论物质是市侩和庸俗的表现，反而直接描绘舒适而富足的生活并为之奋斗。他们身上呈现出主流文化和青年亚文化共存共融的状态。

尤其随着经济社会的发展和网络文化的传播，青年亚文化也逐渐分流出更为细致的派别，如"赛博朋克""克苏鲁神话"等。不同分类下的青年亚文化群体的黏着度高，群体间壁垒分明，形成了一个个的"圈子"。这些"圈子"是青年以兴趣爱好为切入点形成的团体代表，但是由于每个圈子文化的精神内核不通，因此也造成了"信息茧房式"的自娱自乐，难以为"圈外"人所接受。

移动互联网的快速发展将各类信息放大并快速传播，信息流的层层传递极易使得信息失真，一些形容"00后"群体内个别现象的词语在网上会被迅速放大，随之被曲解形成某种负面标签。以"九千岁"去暗讽"00后"的喜好，认为"00后"是"垮掉的一代"，将其与"躺平""矫情""整顿职场"等词语联系起来，人们对"00后"的刻板印象正是在互联网时代特点下被建构出来的。这种对"00后"的刻板印象遮掩了当代年轻人的优点，是一种不负责任的体现。事实上，当代年轻人的教育起点高，生活在信息丰富的网络时代，更为自信和张扬，有思想、有主见，是十分有潜力的一代。

在漫长的古代社会，社会变迁和生活的节奏较为缓慢，各代人形成世界观、人生观及文化生活习惯的社会条件相似，很难接收到具有很大差异的信息，因此代际差异较小。但是，随着科技高速发展，互联网的传播与广泛应用为当代青年提供了远超前人所能接触获取的光怪陆离、多姿多彩的精神食粮。"00后"被称为是"数媒土著"，自出生起就徜徉在网络的海洋中，从生活方式、娱乐方式甚至思维方式等方方面面都受到互联网的影响。他们可以通过网络获取海量的信息，横向观察与思考的范围不断增大，这种环境背景使得"00后"对社会上各色现象的包容度更高。

1.1.2 新生代职场特点

成见也是产生代际沟通障碍的另一大因素。"00后"作为新生代，思想更加开放、对自我更加关注。紧随时代潮流的新生代，在就业选择的时候更加注重工作的开放性和自由度，对未来职业的选择也更加关注是否符合自我爱好，工作时间和工作薪资是否符合自己预期等。在这个竞争压力越来越大的时代下，部分"00后"迫于外部压力，部分"00后"出于自我鞭策，对身兼多份工作、选择多重职业和多重身份、体验多元化生活的选项更加偏好，成为人们口中的"斜杠青年"[①]。

又如，进入工作岗位之后，"00后整顿职场"成为大家关注的现象。这样的"00后"却被贴上了"不服从管理"的标签，并由于话题热点而被一些互联网平台故意污名化。实际上，"00后整顿职场"现象的产生，一方面是由于青年主体权利的不断增强，较高的权利意识、义务意识、契约意识、证据意识、诚信意识等都是"00后"就业维权意识提升的重要表现；另一方面也在于"00后"对于职业的理解发生了变化，他们将工作作为生活中进行自我展示的一部分，当现状已经满足不了自身的需求时，便会果断抽身。

1.1.3 新生代与父母的沟通困境及解析

沟通的过程会处处体现双方的观点，而每个人观点的形成源于其价值观，会在成长过程中被不断塑造。不同代际的人成长于不同的时

---

① 指的是这样一个人群：他们不满足单一职业和身份的束缚，而是选择一种能够拥有多重职业和多重身份的多元生活。这些人在自我介绍中会用斜杠来区分，例如：张三，记者／演员／摄影师／作家。资料来源：百度百科．"斜杠青年"词条 [EB/OL]. [2023-04-01]. https://baike.baidu.com/item/%E6%96%9C%E6%9D%A0%E9%9D%92%E5%B9%B4/19447422?fromModule=lemma_search-box.

代，社会文化背景不同导致价值评判标准、人际交往模式、受教育程度等对价值观中具有重要影响的因素产生根本性差别。因此，当二者论及同一个问题时，观念不同造就了思考问题的角度不同，行为方式和态度也会有所差异，这就可能会导致双方难以充分理解彼此而产生沟通障碍，甚至会引发冲突。祖父辈对成功的定义可能还停留在"好工作""子孙满堂"等"指标"上。与之相反，"00后"并不追求上述"指标"的成功，与祖父辈形成了明显的对比。以下是代际沟通的小案例。

案例一：

"熬过了年轻时的苦，往后的日子里才会有真正的幸福。"

同学们却说："老师，高三很辛苦，我们比谁都清楚，但也不能一直想着以后的幸福啊。最重要的难道不是享受现在拥有的快乐吗？"

老师说，"你们也要为了以后考虑呀，你去了大城市以后你的孩子就会有更好的学习资源，就能更好成长呀。"

"可我希望，我去大城市只是因为我喜欢那座城市，而不是为了什么下一代呀。生不生孩子还不好说呢，我是不太想生。"

"为什么不想养育孩子呢？"

"我们想先过好自己的生活啊，不能稀里糊涂就被孩子束缚住了。"

案例二：

"双十一"到了，家里的每个人都在网上选购自己心仪的商品。

萌萌在网上买的东西有最新款的格子裙、棉花娃娃、漫画书和电脑贴纸。

妈妈买了给萌萌的厚拖鞋和工作时用的靠垫、给爷爷和姥爷的帽子，以及给奶奶和姥姥的围巾、拖布头、大包的卫生纸和洗碗布。

妈妈说："你怎么又买了这么多不实用的东西呢，裙子不是已经有很多了吗？娃娃和贴纸买来有什么用？"

萌萌解释道："我喜欢这些东西，买了它们，不论是使用还是收藏都会让我感到快乐，我的生活需要这些能给我快乐的东西。如果我有更多的钱，就会买更多让我感到快乐的东西。"

萌萌想了想，问道："妈妈您买的这些东西都是日用的，就不需要其他东西吗？"

妈妈回答："那些对我来说并不是必需的啊，你们年轻人说买那些东西是必需的，我看倒是没有必要。对我们来说，给家里的每个人添置需要的东西就已经足够了。"

以父母与子女的代际沟通为例，也可遵循以下程序，制定相应的沟通策略。

①认识沟通的客体。对父母而言，沟通客体是孩子，他们热爱自由，崇尚平等的沟通方式，希望在沟通中能掌握更多的话语权。父母需要了解孩子的特质和需求。

②确定沟通的目的。父母与子女之间的沟通目的是了解子女在生活、学习中的情况，掌握并解决其遇到的困难，给子女以坚实的后盾支撑。

③注意沟通的情境。父母与子女沟通情境的选择具有多样化，可以选择在熟悉的家里开展，也可以选择在其他地方。例如，选择在家中进行沟通，会处于一个比较熟悉的环境，有利于缓解沟通时的紧张情绪，使双方以一种更为自然、舒适的状态完成交流。

④选择适当的沟通方式。对于父母与子女的沟通而言，面对面进行交流是更为直接且更为有效的方式。

⑤把握沟通的时效性。父母想要与子女进行沟通，一定要提前了解子女的沟通意愿与合适的时间，子女也是独立的个体，有自己的时间安排，需要在其有空的情况下进行交流。同时，由于这一关系的特殊性，沟通是必要且需要频繁的，因此，父母也可以与子女"约法三章"，确定沟通的时间和频率。

在进行实施时，要关注沟通过程中信息接收者的信息反馈与抑制自身在沟通时的情绪化反应。反馈，是指信息接收者给信息发送者一个信息，告知信息的接收情况和理解程度。很多沟通问题可以直接归因于误解或信息不准确。正确使用信息反馈系统，能够极大地减少沟通中出现的障碍。很多时候，"00后"并未真正理解父母所说之话的含义，便一气反对，令沟通难以进行。因此，双方要及时地反馈自己的问题，以保证最高效地完成交流。

愤怒、恐惧等情绪化反应让人难以理性思考，会使信息的传递严重受阻或失真。沟通时抑制自己的情绪化反应，让大脑始终保持冷静理性，能让表达更为清楚温和，有助于缓解沟通冲突。若察觉出现情绪化反应，可以暂停沟通直到完全恢复平静。

1.2　新生代大学生的沟通表现

1.2.1　新生代大学生的沟通困境

当前高校教育中的学生主体逐渐变为"00后"甚至是"05后"，平均年龄为 17～19 岁。"00后"一代出生在互联网时代，在当前互联网发展更加迅猛的大背景下，受当前社会状态的影响，"00后"接受的信息"爆炸"，思维方式与以往不同，更为张扬，喜欢追赶潮流与自由。大学教师与学生的年龄有差距，思维方式存在差异，导致教师的授课方式、授课内容、对学生的理解可能会出现偏差；老师和"00后"学生之间存在着代沟，致使双方沟通互动受阻，师生关系存在一定程度的疏离。因此，在大学教育当中，如何强化价值观引导，帮助学生塑造正确的世界观、人生观、价值观是大学课程中的一项重要内容。这就要求大学教师在授课的过程中因时而进、因势而新，遵循时代发展规律、代际变化规律，以学生为中心。

"00后"生长于飞速发展、瞬息万变的时代，接受的教育较为新颖。同时，社会和家庭给予的较高的关注度和包容度，造就了他们特立独行、敢于质疑的个性。"00后"不喜欢被传统束缚，敢于质疑并打破规则，挑战权威。而"70后"老师从小受传统师生观念影响，"尊师重道"是在他们的教育模式里奉行的准则，他们内心认同教师的权威。这种对身份认知的不同，间接引发了师生互动过程中的相互不理解，从而导致互动受阻。大学教师和学生之间产生的代际沟通障碍主要体现在以下3个方面。

（1）缺乏动力——不愿交流

由于大学课程强调学生的自觉性，脱离高考教育不久的"00后"学生具有与老师进行沟通的需求。如果学生们能始终保持这一热情和需求，发挥自身的主观能动性，他们对于师生沟通的态度将从"非必要不沟通"转化为"想要沟通"。"00后"学生将想法付诸于实际行动，并积极找老师进行想法交流，能够有效促进师生互动的开展。但是现实情况在于，当前"00后"与教师相处过程中表现出不愿意交流的特点。一方面，"00后"不愿意和老师沟通交流自己在学习和生活中遇到的事情，无论是好事还是坏事。他们习惯性地将一切埋藏在自己心中，沟通次数的缺乏导致较难达到沟通的预期效果；另一方面，老师的沟通方式、意愿、技巧等要素也在互动这一过程中起到重要影响。不当的沟通方式如语言暴力、态度冷漠等极容易给学生造成心理阴影和持续的负面影响。将学生的态度由"非必要不沟通"转化为"不想沟通"。即使存在沟通，部分老师在多次与学生交谈得不到正向反馈时，也会逐渐失去互动的热情，互动的频率减少，互动的时长降低，互动的效果难以令人满意。

（2）需求错位——难以交流

隔代沟通时，因为彼此的成长背景不同，由此带来的文化、知识结构、生活方式等差异就会造成许多沟通时的困境。双方可能出现缺乏目标一致性和共享性的情况。在"00后"与教师进行沟通时，"00后"学生的自我需求与老师根据原有经验对学生的需求的判断存在很大差异。从教师的角度出发，多数"70后""80后"群体的教师更倾向于认为学生的成就需求是其主要学习动力和现实需求，认为学生们希望考上好学校、取得好成绩。然而学生更需要的是老师对自己的情感关怀与发自内心的爱，他们将归属需求放在了首位，希望通过与老师的沟通互动、日常相处找到认同感与归属感，从而获得心理上的安全与满足。教师与学生之间关于成就需求和归属需求的沟通障碍俨然成为"00后"学生与教师在建立良好师生关系路上的一大阻碍。正是这种对于学生需求的理解错位，使师生间的互动产生了矛盾，也难免出现老师苦恼于"明明自己都是为了学生好，可学生却还是不懂得自己良苦用心"的情况。

（3）质疑权威——矛盾产生

不同"代"之间的成长环境差别较大，尤其是"00后"和他们的"70后""80后"父母之间。"70后""80后"的成长过程受到更早一代的影响，认可"棍棒底下出孝子"等教育理念，将自己置于权威的地位，部分老师与学生之间正式的沟通往往是以说教的方式进行的，通过说教的方式将自己的想法和所谓的"人生哲理"教授给学生。"00后"学生期待平等的、轻松的、如同好友之间闲聊的沟通方式，抵触说教式沟通。

"00后"学生对老师的质疑更多是基于师生平等观念下对于老师所代表的传统型权威的质疑，而并非对教师这一特定群体的猜忌和怀疑。在"00后"心目中，一方面，老师并不是全知全能的完人，讲课内容也并不是尽善尽美的；另一方面，老师的地位并不是基于固有的传统，也并非是神圣不可侵犯的。"00后"学生拒绝将老师"神化"，正是对传统师生关系中的等级性、依附性、道德性的批判。

1.2.2　新生代大学生沟通案例

案例：

高三上学期，国庆将至。

紧张地进行一轮复习之余，同学们也期待着国庆节校运动会的到来。按照学校惯例，高三学生们有一个特权，那就是在当届校运动会的开幕式上，高三学生们可以以班为单位自由表演节目——高中三年唯一一次沾上"自由"二字的文体活动，不用喊口号，从几十个人一起舞龙到全班反串跳交际舞，所有创意都可以被搬到开幕式上来。年年运动会上高三学生们的表演都可谓百花齐放，谁愿意错过这个宝贵的展示个性的机会呢？

"节目怎么安排，你们可以自由发挥。"班主任微微点头。

教室里立刻响起了能把天花板震塌的欢呼声。

"真的？完完全全自由发挥？"我和另一位节目负责人对视一眼，

从对方眼中读出了和我同样的担忧。

"嗯，你们排练好之后给我看一眼就行。"

我们再次对视，感到担忧更甚。

作为一个偶尔接几份私人稿件赚赚零花钱的业余画手，笔者最害怕的便是在绘制稿件时甲方说"可以自由发挥"。此类甲方如果不是清楚笔者的水平完全能够满足自己的需求，所以愿意给予笔者更多发挥空间，那么就只是嘴上说说而已，从起稿到完成，他们可能全程不管不顾，但极有可能于定稿前夕突然提出修改意见（修改成稿的难度通常无异于把方案推翻重做）。大多数时候，笔者遇见的都是后者。另一位负责人——夜夜通宵"肝"设计的传媒特长生，也同样深受"自由发挥"之害。

所以，当班主任说"可以自由发挥"，我们都不禁捏了把汗。

但疑虑很快就在我们的自我说服下消除了——画稿是交易（或者任务），但组织活动不是。这次活动对大家来说更像是一个尽情玩耍的机会，班主任肯定也是这样想，才给了我们自由的权限。再不济，即便最坏的情况，想来班主任也不会忍心全盘否定大家的创意，毕竟有师生情谊作为纽带，这不同于甲方"爸爸"，他们若要求大改就只能硬着头皮改。我们对了对拳：那就放心大胆地创作了！

——此时我们没有意识到，班主任后面真的忍心。

有热情支撑的创作往往非常高效。我们从设计一个情景剧出发，很快写好了剧本、制作了音频、安排好了人员并进行了初次排练，可以说万事俱备，只欠道具。整个节目谈不上专业，但绝对是集思广益、博采众长后的呕心沥血之作。我们信心满满，把准备好的方案提交给班主任。

现在回忆起来，没有提前买道具是很明智的决定，因为我们"自由发挥"的方案果然遭到了无情的全盘否定。

否定的理由也正当到让人无法反驳：情景剧里演员要轮流上台，而不能几十个人同时站在一起，破坏团结的形式不予采纳；选取的内容里爱国题材太少，无法体现学子们向建党 100 周年的献礼；口号有一句"岂因祸福避趋之"，"祸"和"福"这样沾了点儿封建迷信的东西也不合宜……总之，因为一系列原因，我们的方案要"从头到脚改一遍"。

另一位负责人咬咬牙，使出了对付甲方的惯用招式：连续拍出三个更糟糕的备选方案，在备选的衬托之下，最初的方案岂不显得格外出彩？

出乎我们意料，班主任依旧一挥手："都不行，我帮你们重做一个红歌合唱的方案，你们就按这个执行。"几个参与方案设计的同学都抢呼欲绝。

最后，经过了反复的、不算友好的讨价还价，我们终于妥协，得出来了一个既无花里胡哨的情景剧、也无合唱红歌的齐舞方案。事实上我们的态度也仅仅是勉强接受，同学们都觉得自己的创意被大量阉割，而班主任却直言"不懂现在的孩子在想什么"。

在本案例中，上述障碍的类型可分为发送者的障碍、接收者的障碍与沟通渠道的障碍 3 个方面。

（1）发送者的障碍

从教师的视角来看，他们认为学生的需求更多在于有好分数、好成绩；而从学生的视角来看，"00 后"自身更希望在学习到自己感兴趣的知识之外，能和老师建立亦师亦友的良好关系。"00 后"更注重学习的体验感，而不仅仅是结果，甚至很多时候，他们认为体验比结果更重要。这种由于知识经验产生的理解的错位，容易使师生间的互动产生摩擦，从而出现老师苦恼于"明明自己都是为了学生好，可学生却还是不懂得自己良苦用心"的现象。

（2）接收者的障碍

在组织沟通的过程中，信息由下向上传递时，过滤因素对信息的选择作用就显得尤为明显。而在"00后"年轻人的沟通中，他们务实化、个性化的性格特点，在沟通中对信息选择也有一定的推动作用。了解自我和他人的喜好后，"00后"年轻人会据此选择沟通内容，这会使沟通信息存在一定的偏向性。

另外，他们在面对"我感觉我被冒犯了""你在我的雷区里跳舞""你这是在对我公开处刑"这类在沟通过程感到不愉快的场景时，会倾向于保护自己，可能会减少与对方的进一步沟通。这种防卫行为会减少沟通时的坦诚度，使得相互理解更加困难，降低沟通的有效性，造成"打太极""各论各的"等场面的出现。因此，"00后"学生在接收"70后"老师的信息时，信息过滤不当与对信息的防卫也影响着彼此之间有效的沟通。

（3）沟通渠道的障碍

当代"00后"年轻人更倾向于选择具有反馈及时、编码和解码较容易、复杂性处理能力高、人情味浓、空间限制程度低等特点的沟通方式。在一对一沟通时，"面对面沟通"和"电话沟通"更受"00后"欢迎，这是信息接收时间差较小的沟通方式。在多人沟通时，"00后"偏爱"群公告"和"线下会议"的沟通形式，这更加证明了网络化的生活方式为我们带来的便利性深入人心的同时，一些传统的沟通方式仍然有着不可替代的地位。

"70后"教师与"00后"学生之间采用面对面沟通的方式有利于

双方原始信息的提取，坦诚相待，减少沟通中由过滤造成的误解，并可以通过非语言的线索减少沟通成本，提高沟通效率，降低沟通障碍。这也是网络时代中人们保持基本社交需求的体现，面对面的沟通满足了代际之间的基本社交需求，促进了沟通双方的真诚表达和理解。

参考文献：

［1］张良驯，范策."00后整顿职场"现象：特征、缘由和对策［J］.青年探索，2023（2）：76-85.

第二章 为新手适应"砌墙"还是"开窗"？
公共部门中新生代职场适应的案例研究

2.1 为新手适应"砌墙"还是"开窗"？
——以北京市某区公共部门为例

沟通能力是公共部门团队建设的重要能力，也是人员选拔的标准之一，而沟通中的冲突已成为影响公共部门新手适应的重要因素。本案例围绕沟通中的冲突与冲突的解决，以及其对于公共部门中新手适应的影响展开研究，以海淀区某公共部门为例，着重从沟通问题入手，调查新入职员工在上下级之间、同事之间及关联方之间不同层面沟通问题的产生、演进及解决过程。从认知评价理论及挑战性——阻断性压力源理论视角出发，分析沟通冲突产生的原因，并针对原因提出解决沟通冲突、促进新手适应的解决思路和对策建议。希望为公共部门提升人员沟通能力、沟通冲突解决能力及改善新手适应问题提供启发与参考。同时，呼吁公共部门对于沟通问题和人才适应问题的重视，更全面地加强人才培养，促进公共部门人才稳定和人才建设，响应新时代人才强国战略。

2.1.1 案例引言

2021年9月，习近平总书记在中央人才工作会议上强调"深入实施新时代人才强国战略"。党的二十大报告指出，深入实施人才强国战略。培养造就大批德才兼备的高素质人才，是国家和民族长远发展大计。毫无疑问，人力资源是第一资源，是生存发展的基础与核心，面临百年未有之大变局，需要我们聚焦到人才发展，以人为本。

于公共部门而言，如何吸引、培养、使用人才亦是优先要务和发挥好组织职能的根本动力。这其中，新鲜血液的注入、人才梯队的建设，或者说拥有人才，是前提和条件。把人才留住，才足以谈岗位职能的发挥和组织目标的实现。当前，不仅入职前的招聘环节是双向选择的赛场，入职后的试用环节更是双向选择的"加时赛"，适应和留存率问题已成为人才管理的难题和重点之一。我们在工作中注意到，当人才自身过五关斩六将，公共部门投入大量精力和成本选拔人才上来后，入职初期往往是动荡阶段，矛盾一触即发、多点频发，由于沟通不畅引发的新手角色转换和适应问题越来越突出，解决不好非但不利于人才成长，还容易导致内部消耗、消极绩效，甚至引发离职风险，不能不引起我们关注。

早在 2003 年，国家人事部印发了《国家公务员通用能力标准框架（试行）》，进一步开发公务员人才资源，促进公务员队伍能力建设，造就一支高素质、专业化的公务员队伍。此标准框架中强调了沟通协调能力是公务员通用能力的重要组成部分。参照公务员的能力标准，其他公共部门人员也同样需要重视培养沟通能力、解决沟通问题以提升胜任力，为个人职业生涯发展和组织目标的达成奠定基础。我们知道，沟通是一种积极治理方式，能够增强信息流、促进依赖、降低人际关系风险，也能促进组织认同，使员工感到组织公平、提高工作满意度和创新绩效等。基于此，本案例基于海淀区某公共部门新手情况，以沟通冲突为切入点，探讨如何打破沟通之墙，开启沟通之窗，帮助新手快速和良好地适应岗位及环境。

为方便更好地理解本案例的事态发展过程和故事梗概，可参照故事发展线，具体如图 2-1 所示。

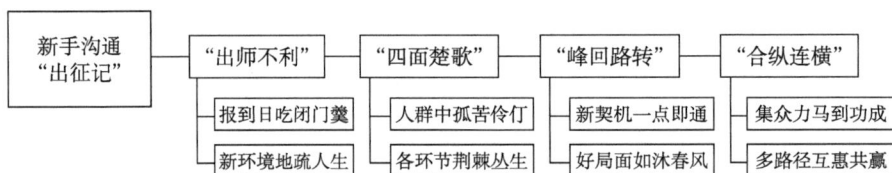

图 2-1　故事发展线

2.1.2　千淘万漉过终关，报到伊始起事端

公共部门选拔往往涉及报名、笔试、面试、体检、政审等诸多环节和"关卡"，包含年龄、学历、专业、能力、身体和心理素质等方方面面的要求和拣选。应聘者往往是"过五关斩六将"，甚至是经历"千军万马过独木桥"的考验而终于拿到入场券和邀请函，成功后可谓是热情高涨、满心欢喜地加入组织。然而，选拔过程还未真正结束，新的考验接踵而至，而且这份考验往往是没有做好心理准备，无法演练和预测的。

其实，不管是报名环节还是面试过程，沟通贯穿其中，是应聘者与组织互相了解、互相判断适配性的关键途径。当初步"双选"成功后，更深一步的沟通需求随即产生，更多样化的沟通场景铺展开来，伴随而来的就是更多、更大、更难的沟通问题。报到手续办理、工作环境熟悉、规章制度学习、岗位职责交接、社群融入交流，各个方面都会存在因为沟通不善带来的适应问题。如报到当日往往需要办理人事、后勤、信息化、保密等多项手续、填写大量表格，办理流程通常也仅限于口头转达，缺少流程说明，加之对各部门分工不熟悉，使得新员工跑腿勤却效率差，容易白跑一趟、花费大量的等待时间，仅仅报到一件事这个也咨询、那个也请教，过程中还免不了遇到被咨询人、办事人不耐烦或讲不清楚"帮倒忙"的情况。本是心情愉悦、兴奋和欢喜着来报到的新员工，在遇到这种沟通环节繁多、沟通方式多样、沟通氛围又不熟悉的情境和期望落差感降临后，不免觉得新单位沟通难、流程多、效率低，会产生一系列负面评价和印象，而一旦内心不满产生，又会影响接下来进一步的沟通，容易设防和有隔阂，为今后的沟通冲突埋下伏笔。

2.1.3 沟通不畅问题多，上下内外谁的错

新员工入职后，在试用期或者称"磨合期"遇到的沟通问题和不适应问题，一方面可能是新手对于工作期望高、自身角色转变慢的问题；另一方面，我们注意到，新老员工间、上下级间、部门间，以及与其他组织人员间沟通的问题越来越突出，沟通渠道、沟通氛围、沟通频率、沟通质量对新入职员工而言都是影响其能否快速、良好适应新环境和新岗位的重要因素。反过来说，沟通冲突可能是导致新员工不适应的关键原因。有效避免不必要的沟通冲突，以及恰当、及时地解决沟通冲突，或许对于新手适应和提高组织认同感、工作满意度、情感承诺等有显著影响。本案例所调研部门的组织架构如图 2-2 所示，案例脉络和分析围绕以下的部门关联和人物关系展开。

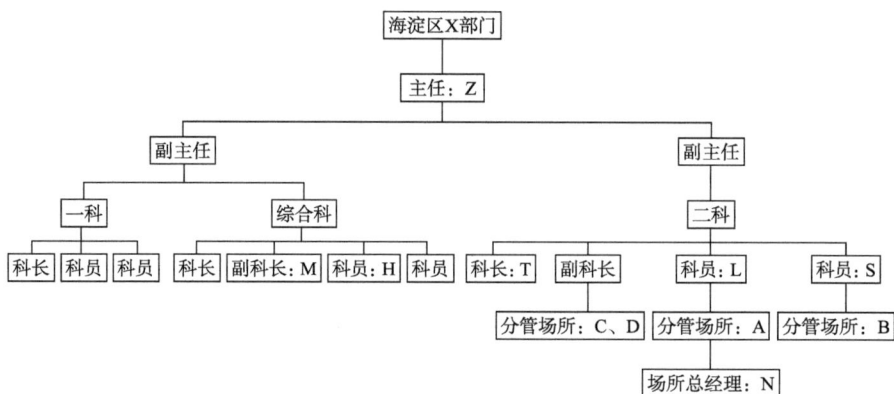

图 2-2　部门架构与人物关系

2.1.4　上下级交流：命定的隔阂？

员工在与上级交流时，通常会把交流内容看作命令或指示，相比倾听同事和下级，在上级面前更容易紧张，无法静下心来体会对方的感受和需要，设防、隔膜感更加凸显，反馈方式和内容往往也会异化、不精确，沟通质量和效果较差，一旦发生冲突就会很激烈，或者是另一个极端：表面"点头哈腰""风平浪静"、恭维称赞，内心却是针锋相对、"翻江倒海"、充满怨言。而且，员工与上级的沟通冲突具有隐性特征，很大一部分表面比较平静、起伏小、拌嘴少，但实则尖锐、矛盾深、难解决的沟通冲突都容易发生在上下级沟通情境之中。而新手与上级之间的沟通交流避免不了此类困境，我们在访谈[①]和观察中发现一些典型事例并做了详细记录，下面以新员工与其领导的沟通冲突为例进行还原并展开分析，如图 2-3 中新手 L 的第一次沟通。

---

① 访谈方案及提纲详见 2.1.10.1。

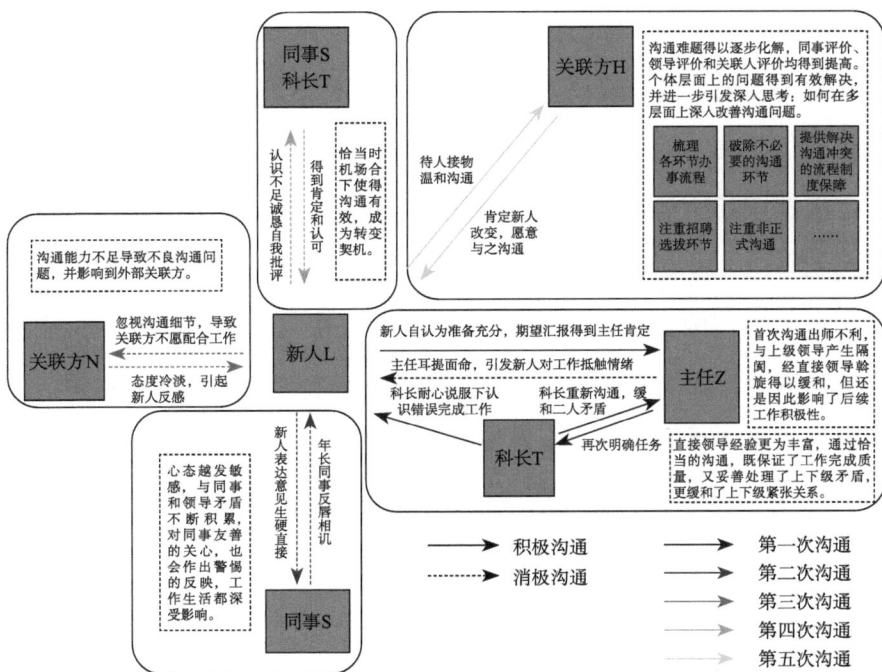

图 2-3　消极与积极沟通示意（"砌墙"与"开窗"透视图）

　　新员工 L 作为二科一名新入职的公务员，工作能力成长很快，但却因为和领导、同事、群众的沟通出现问题而影响了自身心态，在一定程度上也影响了别人对他的看法。事实上，公共部门新人，尤其是新入职公务员，沟通不畅的情况并不罕见，如果不能解决沟通问题，将会对今后的发展产生很大影响。

　　"L 啊，上周布置的宣传栏制作方案准备一下，待会儿我们碰一下。"周一早上一见面，主任 Z 就开始关心各项工作进展。这次的宣传栏制作是为了迎接党的二十大胜利召开，单位出资给管理的各个场所制作的，前期新员工 L 数不清加了多少班，反复和设计公司、场所负责人、科长沟通设计思路，实地踏勘，方案改了一遍又一遍。这次如果主任通过了方案，他着实能轻松不少。

L准备好材料，敲门进了主任办公室。没过 10 分钟，就听到办公室内说话声音分贝提高，"主任，这个展板的配色他们不会同意的，我跟他们沟通了这么长时间，知道他们喜欢什么。您要坚持这么设计，您去跟场所沟通吧。"话音刚落，L 从主任办公室出来，气呼呼地回到座位。屋里其他同事面面相觑，气氛瞬间陷入沉寂。过了一会儿，趁 L 出门的工夫，屋里的老大哥 S 说道："现在的年轻人，能力怎么样不说，脾气还都不小，我儿子在家跟我说话也这样，一句话说不对付就能吵起来。这要在我们当兵的时候这么跟领导说话，先去跑个 20 公里。"科长 T 说："估计是最近工作都赶到一起了，压力太大，这一下爆发出来了。待会儿我去劝劝主任。"

下午刚上班，科长 T 叫住 L，"L，这个展板配色主任提了一点意见，字体全都要用红色的，前一阵区委宣传部刚开会强调过，各单位做的宣传材料一定要仔细检查，避免出现低级错误，被群众发酵到网上。这社会主义核心价值观的字体全都用黑色的你觉得合适吗？我在网上也看了，基本没有人用黑色字。字体和背景或者场地不搭的事情不是换个地方放就解决的事情吗？方案改几遍事小，犯低级错误可严重多了。而且你们初任公务员培训的时候也应该提过，当和领导的分歧不涉及原则问题的情况下，还是要按领导的意见开展工作，要对上级负责。你把方案再改改，再去跟主任汇报一下，顺便道个歉。下次注意啊！"

2.1.5 同事间交流：秀个性舞台？

我们知道，讨论使人成熟和机敏，思想是无形的，越交换越富有。然而，在工作场合中，同事们之间日常交流里也是状况频出，一言不合就红脸也是屡见不鲜，尤其新老员工之间往往由于背景差异、年龄差异等，还不够熟悉和彼此了解，加之新生代员工越来越凸显的个体意识和被尊重的需要，双方无法体会对方立场、无法发挥共情能力、缺乏躬身入局寻求解决方案的意识，沟通上更容易出现问题和矛盾。下面就以新员工 L 与同事 S 间的沟通冲突进行描述，如图 2-3 中新人 L 第二次沟通。

年底了，单位要给管理的场所评优，科长 T 在屋里征求大家的意见，"今年评优给了咱们 3 个名额，大家说说评哪几个比较合适？S，你意见呢？""我觉得 B、C、D 3 个场所今年工作做得不错，可以考虑。A 场所整体表现一般，先不评了吧。"这时 L 突然插话，"您怎么这话张嘴就说呢，A 场所怎么了，凭什么就不给他了。"新员工的态度也激怒了 S，"你怎么这么怼我呢，我说的是对是错不说，有你这么说话的吗。今年 A 场所在消防安全检查时被消防支队提了很多问题，还记在了台账上，你分管的场所你比我清楚吧！"L 自知理亏，也不再和 S 争论。

几天后，单位几个同事聚餐，谈起最近新员工 L 的表现，H 问道："我看 L 最近精神头不好，是怎么了？给他介绍的对象听说也吹了？"科长 T 笑了笑，说："这孩子跟人家加了微信，聊了没两天，有一次估计对方忙，第二天才回消息，L 就觉得对方没看上自己，主动说既然这样就不联系了。他这么跟人家沟通，介绍多少都得吹啊。""我想起他上次和 S 吵架的事儿来了，当时我在屋里听得大气都不敢出，S 说的好好的，咋突然就吵起来了。还有之前有一次周六加班，主任和我先到了，让我问问 L 到哪儿了，我就电话问他 'L，你快到了吗？'，你猜他怎么回的？他没回到哪儿了，反而直接反问我 '谁让你问的？'，一下给我说懵了。"M 附和道。"他啊，有点自卑，农村出身在北京没房没车，导致谈恋爱的时候很敏感；在工作中遇到别人的否定和质疑也很容易激动。不过他这个年龄没房没车很正常，主要还是心态问题。心态摆不正，以后吃亏的时候还多呢。"

2.1.6 关联方交流：姿态高高挂？

新员工对于角色认知比较浅显，需要时间适应和把握新角色，尤其在公共部门中，"服务型""利他"不仅是定位和目标的关键词，更是贯穿在任务各个细节之中，新入职员工对于自身的职责认知、身份接受、角色转换问题会比较明显地表现在沟通方式和表达内容之上。下面就以新员工 L 与关联方 N 的沟通冲突作为示例（如图 2-3 中新人 L 第三次沟通）和展现。

"总经理 N，你们提的年检报告，我看了，这么写不行。你得把今年做过的工作再写具体点，照现在这么写不可能给你过的。我现在忙着呢，没工夫给你提修改意见，自己看着改吧。……什么叫我什么语气说话……"新员工 L 放下电话，"嘿，他还不乐意了，我这好心给他提建议他还不乐意"。"L 啊，你确实得注意一下态度，我们一方面是他们的管理者；另一方面也是为他们提供服务的。我们的目的是共同做好工作，有事儿协商解决，没必要高高在上。也得换位思考，刚刚你打电话那种语气要换你来听也得来气。"科长 T 对新员工 L 说，"我们很多工作都是要借助他们帮忙完成的，现在把关系闹僵了，以后你需要他们帮一把的时候就不好办了，吃亏的还是你。"

通过上述不同层级、不同主体之间的沟通冲突的还原和展现，我们可以了解到引发沟通冲突的原因多元化，而沟通冲突所带来的影响覆盖面广、牵扯关系深、隐藏风险大，是组织中需要关注的重点管理问题，同时是影响人际关系、工作绩效、组织文化建设多方面的关键因素。

2.1.7 逐渐重视促改变，表象改善内里乱

古语里，"沟通"即意味开沟使两水相通；管理学意义上，沟通是指在组织中、各部门之间、各层次之间、人员之间凭借一定的媒介和通道传递思想、观点、情感和交流情报、信息、意见，以期达到相互了解、支持与合作，从而实现组织和谐有序运转的管理行为和过程。从沟通的定义和我们观察到的沟通现象来看，实现其功能和意义还相差甚远，问题逐渐积攒、矛盾日益显现。基于此，无论是组织还是个人，其实在努力避免矛盾，在日常中自发地注意和改变，在本次调研中，我们通过跟踪一次民主生活会，发现了事情的转机和"拐点"。

2.1.7.1 金风玉露始相逢

转眼间又到了开民主生活会的时候，会上全体党员要开展批评与自我批评，进行深刻的自我反省，并帮助身边同志指出个人身上所存在的问题，帮助他人修正自己，以达到共同进步的目的。这是在新形势下加强和规范党内政治生活，增强党员同志的自我净化、自我提高能力的重要手段。

到新员工 L 发言了，他先进行了自我批评："我在工作中沟通方式和技巧还很欠缺，也经常出现态度不好的情况……"，进行完自我批评后，S 点评道："L 平时工作认真负责，吃苦耐劳，经常加班，付出的辛苦有目共睹，唯一有一点不足，他刚才自己也提到了，沟通能力还需要进一步提高。"科长 T 接着说道："L 作为我们科室的新员工，工作上手快、进步快，我也同意 S 刚才说的，沟通方式上能够再提升一些会更好。"听着两人都提出同样的批评意见，L 的脸也红到了耳根。L 表态道："感谢科长 T 和 S 指出的问题，我下来一定注意。"（如

图 2-3 中新人 L 第四次沟通）

2.1.7.2　物换星移气象新

　　民主生活会后，L 也找了其他的朋友听取意见建议，从在平时工作、生活中克制自身情绪，到通过工作中所闻、所见、所体会，慢慢理解到之前和领导、同事、群众沟通冲突的危害。时过半年，L 接人待物温和了许多，和他人沟通中也不再轻易激动。私下里 H 还跟科长 T 说："你们科现在可安静多了，L 也比之前好接触多了。"（如图 2-3 中新人 L 第五次沟通）

2.1.7.3　长风破浪会有时

　　透过上述调研和观察，虽然沟通难题已得到重视，并开始正视和解决，但还处于个体层面，解决途径也比较单一，新气象虽已显现，但恐怕内在矛盾还需要深入解决，其中涉及的许多工作流程、沟通方式问题需要重新设计或改善，任重道远。我们相信，有了好的开端，循序渐进、由点及面的改善措施将互相促成，而在接下来的调研中，我们也确实看到了这样的改革举措和魄力。

2.1.8　用心用情互适应，相亲相爱万里行

2.1.8.1　增加机制主指挥，奏响沟通交响乐

　　在经历了新员工入职激发的沟通问题之后，两个部门采取了多层面的解决措施进行化解和改善。首先，以管理制度作为防范沟通问题的指引，梳理各环节办事流程，理顺信息流通各节点，破除不必要的沟通环节、节省沟通时间和成本。从新员工入职流程管理、工作交接制度、试用期员工管理办法、工作例会制度、领导接待日机制、民主

生活会制度等各个方面增强对新员工适应、新老员工间沟通问题的重视、提供解决沟通冲突的流程制度保障，预防和治理双管齐下，从入职报到至工作日常全过程关怀和提供帮助，让各个层级、各个部门、各项工作之间彼此支撑、互相给劲，奏响和谐的乐章。

同时，通过这次新员工入职以来引发的沟通风波，二科和综合科也有一些交流讨论，开始反思招聘机制和综合考核流程的疏漏和不足，发现流程中缺少让双方充分交流的环节。在接受访谈时，科长 T 即表示道：

"沟通沟通，那是涉及至少俩主体的……也不能只说新人带来问题，有时候我也在想可能是头没开好，面试就那么点时间，别说我们想多了解考生啦，那人家想多了解了解你的状况也不大行……这就跟相亲似的，只看到明面条件可能不大够，脾气秉性、兴趣爱好相不相投得多聊多接触……不能光看见大门就想进啦，那里面的路能不能踏实一起走得多观察……现在面试阶段是上面统一规定的，已经照顾到选拔的基本、较全面的共性标准，但是也希望还得多些角度观察。"

的确，当前选拔过程的弊端主要体现在以下两方面：一方面，不利于招聘部门客观、全面了解候选人，尤其不利于判断其性格、气质、动机等内在"隐性"特质是否适合本部门和本岗位；在特定环境和时间内，其情绪反应也比较有限，或者说有一定欺骗性和表演性，不容易了解其真实和较为稳定的反应、认知及态度；另一方面，也不利于候选人对竞争岗位和部门有清晰了解，容易使其陷入自己想象的框架中，产生不实际的或者是过高的预期，对现实状况、环境条件、部门氛围等缺乏了解，从而导致迎面接触时的不适应及过激反应，为加入后的沟通问题和冲突埋下隐患。

基于此，科室不只在内部管理流程和工作环节作出了很多努力，还在招聘选拔环节作出了较多思考。他们注意到，解决新手沟通和适应问题，不仅要改善内部环境、创造内部有利条件，还要在候选人员向内部人员转变的"边界点"和"模糊阶段"做好判断、打好基础、牵好引线。既需要抓住选拔考察、入职报到、试用期磨合等关键节点进行全程管理，又需要把握日常工作各环节进行全流程改善。当然，更需要新、老员工，基层、中层及高层，内外部关联人员全员努力，以便在员工沟通、压力调节、行为反应、冲突和危机处理中发挥积极的作用。

2.1.8.2　打开信息多通道，建设沟通高速路

沟通是信息传递、共享、有效利用的关键途径。组织内的沟通发挥着多重功能：一方面，上对下而言，是传递和明晰组织愿景、发展规划的过程，是进行战略解码、指标分解的过程，同时也是获取信息、进行人力资源配置和调整的过程；另一方面，下对上而言，是员工进行职能翻译、任务承接的基础，是胜任工作、回报组织的前提。所调研的部门认识到这些重要性，从信息传递渠道和方式上采取举措，作出改变，以应对沟通难题。组织通过提高 OA、邮箱、企业微信群、非正式微信群利用率，通过座谈会、一对一谈话、汇报会、午餐会、私下交流及团建等途径加强彼此之间信息交流、沟通和了解。

在这其中，尤为突出的就是利用党组织民主生活会的途径，借助党员身份平等、敞开心扉地交流，消除隔阂、表达情感和交换思想来帮助沟通冲突的解决。通过变换不同场合、沟通形式来开展不同话题和风格的交流，利用不同渠道和方式之间的优势互补，搭建全流通、"不堵车""无路障"的沟通通道，使得新老员工之间、员工与部门之间及内外部之间联系更加紧密，关系更加和谐，降低障碍和冲突出现

的可能性。

2.1.8.3 营造共情好氛围，打造沟通共赢局

沟通氛围是一种影响企业组织里信息传递的组织情境特征，是员工对组织中进行信息流通的沟通活动的一种主观角度上的心理感知。而共情是一种意识和沟通能力，是能够躬身入局、交换立场、设身处地为对方着想，感知并认识到对方需要，以及积极思考、以目标为导向寻求解决方案的能力。创造有利的沟通及工作氛围，就是创造积极的环境信息，这样的情境有利于避免紧张情绪的产生，减少沟通冲突及其给人们带来的负向情绪感受。

新手适应，其实不只新员工要适应新环境新岗位，老员工也要适应新员工的加入、新岗位的设置，他们加入所带来的组织上和工作上的新变化，需要互相适应。要求双方接受彼此的不同，尊重彼此的差异，促成欣赏对方闪光点、促成对方优点发挥的良好环境。"和而不同"的要义正在于此，融合了多样性的东西才能创造产生新的东西。

组织通过引导新老员工坦诚交流、增强彼此信任，提高双方对话的能力，聚焦问题讨论和解决，提高沟通质量，使信任感、亲切感触手可及，使员工们在新的氛围中碰面，转变观念、换换频道，打开沟通的新局面、描绘互相学习促进的新画面，促成每位员工把同事、领导与之远大的人生目标结成同盟，搭上互惠的班车、通往共赢的战场。

2.1.8.4 凝聚文化强磁场，舞动沟通华尔兹

文化其实是根植于我们内心的修养，无须提醒的自觉和以约束为前提的自由。组织文化建设有助于形成强大的中心磁场，产生吸引员

工的磁性，形成开放、包容的氛围，缩小员工之间、员工与组织之间的距离感，在沟通问题中发挥着隐性但巨大的作用。案例所调研的部门通过文化影响、教育和引导，增强入职伊始到职业生涯各阶段培训学习的作用，拓展组织支持范围，并加深组织支持力度，试图通过"解除强力"的方式温柔地化解沟通矛盾和人际冲突，通过滋养更好的内在动机、激发基于组织的自尊感等，获得了显著的成果。

关注沟通冲突就不得不关注员工的心理健康，我们知道，粗暴的方式只会造成负面影响，所以必须要使用柔和策略。解决新员工适应和沟通冲突问题，柔和地"破冰"显得尤为重要。面对冲突，人的选择和反应无非是合作、克制、强制、回避或者妥协，比起强硬的压制、激烈的制止、直接的批评、逼迫的合作等，多用鼓励和肯定的方式，像水一样"居善地"，带着成就他人的动机去合作；像水一样"与善仁"，对待他人仁爱友善，让正能量循环流转；像水一样"事善能"，发挥最大效能，一起成事。文化提示我们关注心理、情感的强大力量，释放"软实力"的强大潜能，发挥文化情境对于沟通和新手适应问题的化解作用，更用心、多用情化解矛盾、关怀员工，问题自然迎刃而解。

2.1.9　结语

沟通冲突危害身心健康、人际关系，容易禁锢思想并引发消极行为，在新手适应工作过程中是主要阻碍之一。但如果能够建设性地利用沟通冲突，可以帮助新员工提高自身工作认知、激发创新热情和改善工作动机；同时，也能暴露组织存在的问题，并通过解决这些问题增强组织凝聚力、提高员工对组织的忠诚度，减少员工离职率、提升工作绩效等。

公共部门的工作人员，尤其是公务员，与企业从业人员较大的一点区别是，公务员工作变动相对较小，很多人从始至终在一个单位工作，即使发生工作调动，单位间工作的相互配合使得人际交往相较企业固定。同时，公务员也拥有"多重身份"，是领导命令的执行者、工作任务的主导者、人民群众的服务者，如果沟通能力欠缺，沟通冲突不加以解决，轻则影响人际关系，重则影响到工作开展、职位晋升。因此，沟通冲突产生的原因、解决的途经、沟通能力提升的方法，值得我们进一步探索。而且，新手的加入对于团队建设、人才培养、组织绩效的提升有着关键影响，其沟通和适应问题理应被重视和妥善解决。

2.1.10 附录：访谈方案

2.1.10.1 访谈方案

访谈对象：拟定的访谈对象包括：新员工及与新员工交集较多的直接上级、工作同事、管理或服务对象。

访谈形式：访谈采取结构化访谈形式，以电话一对一访谈为主，并以面对面结构化访谈、日常随机的非结构化访谈为补充。

访谈提纲：

新员工访谈

①来到新单位整体感受如何，适应方面有没有问题和压力？

②您觉得在沟通上有哪些困难或发生过冲突吗，可否具体举例说明？

③您觉得这些沟通问题是否影响了适应岗位和日常工作，具体表现在哪些方面？

④在上述问题发展的过程中您是否关注到自身的心理状态或情绪变化，可以详细描述一下吗？

⑤您觉得产生上述沟通问题的原因有哪些，责任主体有哪些？

⑥您希望或您计划怎么改善沟通问题，怎么快速和良好地适应新单位和新岗位？

直接上级访谈

①请结合您的经验谈谈部门中新员工的工作有哪些典型问题？

②您觉得新员工在沟通方面有哪些问题，可否具体举例说明？

③您觉得这些沟通问题是否影响了新员工适应工作，具体表现在哪些方面？

④您有注意到新员工的心理状态、情绪及应对压力的反应情况吗，在适应阶段它们发挥了怎样的作用或产生了怎样的影响？

⑤您觉得产生上述沟通问题的原因有哪些，责任主体有哪些？

⑥您觉得应怎么改善沟通问题，帮助新员工快速和良好地适应新单位和新岗位？

同事及其他人员访谈

①就您观察，您认为单位中的新员工都能很好适应环境和岗位吗，请说明原因？

②您在日常工作中与新员工接洽和交往有什么困难吗，请举例说明？

③您认为沟通问题会影响新员工适应工作吗，请详细说明？

④您有注意到新员工的心理状态、情绪及应对压力的反应情况吗，在适应阶段它们发挥了怎样的作用或产生了怎样的影响？

⑤您觉得产生这些沟通问题的原因有哪些，责任主体有哪些？

⑥您觉得应怎么改善沟通问题，帮助新员工快速和良好地适应工作？

2.1.10.2 访谈行程（表 2-1）

表 2-1 访谈行程

编号	身份	访谈时入职时间	访谈时间
X01	海淀区区直机关 X 职员 01	2 个月	2022 年 11 月 2 日
X02	海淀区区直机关 X 职员 02	1 年 6 个月	2022 年 11 月 2 日
X03	海淀区区直机关 X 职员 03	3 年	2022 年 11 月 3 日
X04	海淀区区直机关 X 职员 04	1 年	2022 年 11 月 4 日
X05	海淀区区直机关 X 职员 05	1 年	2022 年 11 月 5 日
B01	海淀区区直机关 B 职员 01	2 年	2022 年 11 月 5 日
C01	海淀区 C 街道职员 01	1 年	2022 年 11 月 9 日
D01	海淀区区直机关 D 职员 01	2 年	2022 年 11 月 13 日
D02	海淀区区直机关 D 职员 02	1 年	2022 年 11 月 15 日
D03	海淀区区直机关 D 职员 03	2 年	2023 年 1 月 3 日
D04	海淀区区直机关 D 职员 04	3 年	2023 年 1 月 3 日
D05	海淀区区直机关 D 职员 05	1 年	2023 年 1 月 6 日
D06	海淀区区直机关 D 职员 06	5 年	2023 年 1 月 6 日

2.2 案例分析

公共部门是指被国家授予公共权力，以社会公共利益为其组织目标，管理各项社会公共事务，向全体社会成员提供法定服务的政府组织。公共部门人力资源掌握着国家和公民赋予的公共权利，执行着国家的法律和重大决策，在整个国民经济和社会发展中起着重要的作用。公共部门人员对于公共部门效能发挥起着重要作用，每年我国有着大量新人进入公共部门，因此，如何让这些新人在公共部门里坚守初心、发光发热成为重要议题，其中让新人们尽快适应公共部门工作更是其中的重中之重，尽管其中的影响因素无法一一列举，但不可否认由沟通问题引发的各种问题是制约因素之一。因此本章以案例中新人适应过程中的沟通问题这一压力因素为例，试图窥一斑以见全部，通过举一反三为公共部门新人适应过程中出现问题的解决提出一个可能的方案。政府是公共部门的最主要成员。本案例选取的海淀区政府某下属机构即属于典型的公共部门。

2.2.1 理论基础

本案例分析依据压力认知评价理论（Cognitive Appraisal Theory）构建公共部门新手的"破冰"实践分析框架。

Lazarus 与 Folkman 认为，人们自己所拥有的资源不足以面对外界环境中的要求时，便会产生压力（Stress），压力是人们的主观感知。Elliott 等认为不同压力感知的应对反应源自人们对环境要求的认知评价的个体差异。压力评价理论具体解释了压力源影响认知评价，再进一步影响应对方式，并最终导致相应结果的过程。压力认知评价理论指出，个体对压力源的认知评价（Cognitive Appraisal）包括初级评价（Primary Appraisal）和次级评价（Secondary Appraisal）两个过程。人们在初级评价阶段，将外界刺激是否及如何影响自己分为 3 种类型，即无关的（Irrelevant），良性-积极的（Benign-Positive）和压力性的（Stressful）。人们在次级评价阶段，通过评估压力事件的特征，来进一步判断实现预期目标的应对方案及其可行性。压力认知评价理论启示我们，情绪与理智并非处于绝对对立的关系，更不是绝对排斥的。评价很重要，它可以决定个体感受到的情绪，认知是情绪的前置，而情绪则是认识评价的产物。

在初级评价阶段的压力性评价，可被分为威胁和挑战。压力认知评价理论认为，当人们评估结果会阻碍个人的发展或造成个体无法改变的危害和威胁时，更容易采用回避、疏远，或者选择性注意等方式。另一方面，当人们评估结果压力源是挑战性的，便采用思考解决问题的方案等且通过自身积极努力而达成的方式。工作压力可以依据其性质被划分为挑战性和阻断性两大类：挑战性压力源是指对工作态度、工作相关行为有积极作用的压力源；阻断性压力源是指对工作态度、工作相关行为有消极作用的压力源。相关研究结果显示，高自我效能感的个体不但体验到的压力小，而且在面临大的压力时，亦能采取有效的应对策略来缓解压力。

认知评价理论与新入职公务员的情绪发展场景高度契合，它的基本假设为情绪是个体对环境事件知觉到有益或者有害的反应。初入公共部门的新手对其所进入的部门环境尚未建立足够的了解，缺乏安全感和归属感，更容易对环境因素作出有害的反应，本案例中，新人 L 面对主任 Z 对其提交方案的否定评价、面对老大哥 S 对场所评优的意见，先后作出的过激反应，正是该理论中提及的"有害评价"的外化和生动体现。在 S 一针见血地指出 A 场所存消防安全硬伤无法评优，L 的"自知理亏，也不再和 S 争论"则属于初评价之后的再评价，是新人 L 对其所采取的应对策略和应付后果的重新评价。可见，认知评价理论有力地解释了新人 L 在入职初期的情绪产生机制。在人力资源管理方面，合理选取评价维度，可以有效地调节组织成员的压力感受和处理方式，影响员工的沟通行为，调节员工的工作幸福感。

在包含公共部门在内的各种类型组织当中，压力无处不在，压力随处可见。压力既可以是动力，也可以是阻力，因此组织或个体层面的压力管理策略或措施必须根据压力的性质而定。公共部门应当在新人的培训或辅导中，向新人灌输辩证的压力观，主动识别压力性质，遵从挑战性-阻断性压力与员工心理和行为的关系，重视这两类性质的压力与身心紧张、工作满意度和离职倾向之间存在的不同关系。这种举措可以有效缓解全新的环境压力源给公共部门入职新人造成的压力，采用挑战性-阻断性压力源的两分法，有的放矢、分别应对，帮助员工尽早由新人水平转换到专业化水平、由状况外的"学生思维"转化为职业思维，并激发敬业态度。

据人民论坛对公务员的一项调查，全国各地80%以上的公务员，特别是基层公务员普遍存在较大的心理压力，存在一定程度的心理不平衡、心理疲劳及压抑心理。具体表现为压力太多，受不了了，感觉快要崩溃，情绪低落，一天中多数时间无法高兴，什么都不想做，遇到不顺心的事，老是控制不住地去想，无法摆脱出来，自信心开始下降，自我评价低。

通过访谈，我们了解L为代表的公务员们的工作压力来源不限于以下情境：

①工作迎检多，疲于应付；

②担心工作完成不好，被批评；

③苦恼会议多，落实时间少；

④苦恼每项工作都在找亮点，写总结，写交流发言材料；

⑤苦恼工作千头万绪，根本不可能专心利用一定时间做某一件事情；

⑥每项工作都提倡总结出××工作法，"12345"等顺口口号；

⑦上级领导怕担责任，往下面推，工作失误追责往往基层最遭殃；

⑧担心上级部门领导表态不算数，工作落实后由于表态领导工作变动，承诺无法兑现。

在压力研究领域，绝大部分研究也都关注压力的消极方面，探讨压力对个体的身心健康、工作满意度及组织绩效的消极作用。诸如上述种种表现，但凡提及压力，人们常常会关注其消极的一面，而较少发掘其积极的一面。但事实上，不能简单将压力源与消极后果直接相联系。本案例试图通过探究影响个体评价与压力源分类是积极压力源还是消极压力源，来找寻解决沟通冲突、促进新手适应的途径和建议。

2.2.2　研究设计分析

本案例采取实地研究和文献研究相结合的研究方式，使用定性的资料分析方法，具体包括文献研究法、实地调查法、访谈调查法、案例研究法。

文献研究法。查阅国内外关于压力、沟通、认知方面的文献，梳理案例故事的展开脉络，匹配适用的管理与组织理论，归纳整理文献资料，梳理出"新手破冰"的完整过程，对公共部门新手入职沟通冲突问题的解决进行理论提升。

实地调查法。本案例小组的某位成员即在该公共部门工作，为实地调查的真实性与有效性提供了前提保证。通过日常工作当中沉浸式的实地调查，采用无结构观察的资料收集方法，在坚持客观性的基础上去除冗余，保留富有代表性的故事素材。

访谈调查法。为了全景式、全过程地呈现出部门所有人员对案例主人公 L 转变破冰的印象与评价，对部门内部分人员做了补充访问，进一步丰富案例素材，使得案例展现更为贴近现实，保证案例研究的实践意义。

案例研究法。对 × 公共部门新人 L 的入职破冰之旅进行细致的研究，选取恰当的理论切入视角，通过对实际案例展开理论分析，试图找出现阶段我国公共部门对新入职公务员辅导的不足之处，并挖掘背后原因，找出理论依据，旨在探索解决沟通冲突、促进新手适应的思路与方案，以发挥案例的借鉴价值与指导意义。

2.2.3 分析框架及要素

2.2.3.1 分析框架

针对本案例所引出的公共部门新手适应之沟通冲突与解决的问题，分析框架融合了认知评价理论、挑战性-阻断性压力源等理论的内涵，结合案例具体的破冰实践，构建了切合现实的分析框架（图2-4）。针对公共部门的新入职公务员，首先，政府层面应进行统一规划，做好顶层设计和制度安排，将公务员入职培训纳入国家人力资源开发的重要途径，高度重视新入职公务员的培训辅导工作；其次，具体到各不同职能的公共部门，应当根据各自不同的部门职责、运行模式和工作特点，制定各具特色的入职培训辅导方案，开展富有部门特色和针对性的压力应对教育，制度性沟通机制与灵活性沟通安排相结合。在这一过程中，公共部门的新人经受外部影响后，依据自身经验和能力形成判断，并根据个人能力不同形成阻断性压力源和挑战性压力源，而通过一定的干预（如外部环境和评价的变化）可以实现压力源性质的重构，进而影响公共部门人员的适应过程。

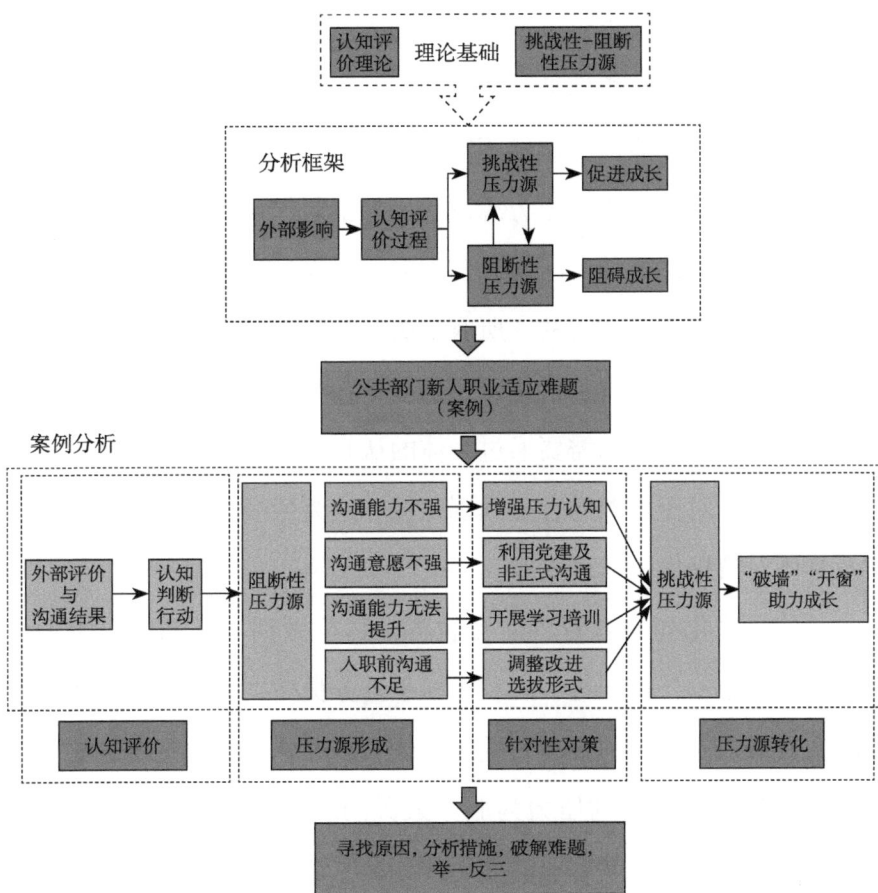

图 2-4　分析框架

2.2.3.2　分析要素

分析要素分别是公共部门公务员的入职培训与辅导、认知评价与情绪管理、部门沟通氛围建设、个体的自我激励或自我决定程度等。锚定需要解决的"破冰"问题，从个体内部与部门外部（环境／氛围）双向开弓，展开多理论视角、多主体切入的复合分析方式，使得最终的解决方案更加全面充实，呈现出工具包的功能形式。

将认知评价理论和挑战性－阻断性压力源理论充分地融汇结合，对本案例前期出现的各种沟通障碍进行分析，将为助推海淀区该公共部门的"破冰"方案提供丰富多样的切入点。个体的认知评价机制及其反应结果是整个分析框架的逻辑起点。众所周知，不同个体在面对同一压力源时，可能产生截然不同的情绪。一方面，这是由于不同个体基于各自的认知评价将压力源进行更加偏向于挑战性或者阻断性的归类；另一方面，这种对压力源归类的差异反证了个体的认知评价体系是可以被影响或者重塑的。所有解决问题的对策，不论是着眼于对公共部门外在环境的改善优化，还是基于各类培训对个体内在因素施加的正向影响，最终都需要通过个体的认知评价来调整其对环境因素的正确分析、对压力源的合理判别归类。这为后续呈现的"破冰"方案及具体对策提供了学理支撑。

此外，强化初心教育、使命教育，真正做到不忘初心、牢记使命，内化于心，外化于行，有利于新手公务员树立正确的人生观与价值观，将最广大人民的根本利益作为最重要的认知评价标准，树立正确的压力观，化事业的压力为服务人民的动力。以人为本解决"破冰"问题，能够为公共部门的新手公务员主动化解沟通障碍、提高沟通能力提供强大的人力保证和不竭的精神动力。

2.2.4 现状原因解析，深层原因悄悄砌墙

按照案例故事的发展脉络，以新人 L 所遭遇的一系列问题，我们可以梳理出在公共部门新手适应与沟通冲突中，可能存在以下问题，我们逐一分析。

2.2.4.1 选拔过程时间紧张，选拔时的沟通"捉迷藏"

按照国家《公务员录用规定》，"公务员录用考试采取笔试和面试等方式进行，考试内容根据公务员应当具备的基本能力和不同职位类

别、不同层级机关分别设置，重点测查用习近平新时代中国特色社会主义思想指导分析和解决问题的能力。笔试包括公共科目和专业科目。公共科目由中央公务员主管部门统一确定。专业科目由省级以上公务员主管部门根据需要设置。招录机关按照省级以上公务员主管部门的规定，根据报考者笔试成绩由高到低的顺序确定面试人选。面试的内容和方法，由省级以上公务员主管部门规定。"

新公务员的录用，一般经过报名、资格审查、笔试、面试、考察、入职的阶段，在笔试考题设置中，分为行政能力测试和申论，主要考察应聘人员的逻辑思维能力、材料提炼能力及公文写作能力等；面试形式为结构化面试，考题和问题同一考点全部相同，并没有根据职位特色定制问题，同时，结构化面试问题种类相对固定，大部分考生在应试期间多有准备，因此，在笔试和面试阶段并不能真正测试出应聘人员的沟通交际能力。在考察阶段，应聘者单位或者社区的领导往往也会更加突出应聘者的优点，缺点则会一语带过或者避而不谈，所以即使应聘者有沟通方面的不足往往也很难被发觉。

应聘者通过入职流程后会有一年试用期，试用期内招录单位解聘条件较为苛刻，一般性的问题不足以达成解聘条件；同时即使在试用期内解聘，招录单位当年也无法补录其他人员，为了缓解工作压力，招录单位发现应聘者有非原则性不足时，往往会选择接纳，也给沟通问题的存在及延续提供了空间。

当前公务员的选拔涉及多环节，但客观来看，在报名、资格审查、笔试、面试、考察、入职的全部阶段，由于素质的隐蔽性和潜在性、素质信息展现的多样性、个体行为特征的独特性和复杂性等增加人才选拔及评价的难度，笔试和面试等并不能真正测试出应聘人员的沟通交际能力，选拔过程中也缺乏充分的沟通、了解，难以全面、深入认识彼此是否价值观契合。对应聘者而言，作为新手很难通过报考和选岗过程中的信息收集和具体的交流、反馈来帮助判断岗位是否为喜欢和合适的；对经验不甚丰富的考官而言，也难以从限时设定、结构性问答中理性判断应聘者是否充分胜任岗位需求，更难以看出性格、心理素质、抗压能力等隐性特征，这种对沟通能力浅尝辄止的考察方式自然而然为公共部门新人入职后的隐患埋下伏笔。

2.2.4.2 党组织的作用被隐藏，作用发挥失常

在访谈过程中，大部分老员工表示在沟通时可以做到推心置腹，而新员工则觉得老员工会摆资历、以过来人的口吻说教，他们更愿意接受指教而不是来通知的指指点点。新员工还认为缺少一个畅所欲言的表达环境，也有反映和其他在企业工作的同学相比，企业往往通过年会、联谊会等形式进行非正式沟通，上下级关系也更平等，等级观念不如公共部门强。

当被问到是否可以通过组织生活解决时，新员工表示没有考虑过，而且大部分访谈对象认为组织生活是用来讨论大事的，新人想要沟通可以利用思想汇报形式完成。基层党组织在部门新手入职培训与适应过程中明显缺位，未能发挥应有的引领作用。

部分党建工作多是自上而下安排布置的，高点定位，立足讲政治，普适化有余而个性化缺失，日常教育和思想汇报时常代替了组织生活。党建工作是一个单位的核心与要点，单位战斗力的形成与塑造需要党组织的正常发挥。也正是如此，党支部往往会面临头绪众多的问题，难以有效对公共部门新人实施无微不至的关注关怀，进而导致新人们的游离，难以与组织在情感上建立联系，适应接受单位的组织文化。即使支部有青年委员负责青年工作，但是在任务重，头绪多的

情况下很难有的放矢地关注每一个新人学习、生活和工作等各个方面，与新人们关系紧密的往往是身边的同事前辈、上级领导而不是平等的组织和同志，因此这种基层党组织的功能失常和沟通时的身份不平等也造成新人们难以敞开心门，自由交流受到影响。

2.2.4.3 新手自我认识较迷茫，应对压力的过度反应帮倒忙

新手缺乏自主身份转换意识，大部分新手是从大学到单位，初入社会，从有家长老师帮衬兜底的大学生到需要独立面对方方面面的部门新人，尽管不适应的程度和反应因人而异，但在这个转换阶段，毋庸置疑，产生不适应是一种常态。部分新员工认为所从事工作与学校学习内容无法很好衔接，并且几乎都有过怀才不遇的感受。老员工也对新员工此类心态习以为常，但也普遍反映，高学历者和"00后"新手这类情况的表现往往更为突出。

新人对情绪认知普遍缺乏科学和学理层面的认识，没有情绪管理意识，对自己的情绪听之任之，像新人 L 一样，常常酿出沟通不畅的苦果，不免使自己在工作中遭受挫折。

公共部门新人往往不能积极发挥主观能动性，还停留在"等靠要"，主动追求进步的态度和行为不明显，或是过分积极主动，在工作中失了分寸和边界。新人主动社会化行为的缺失不利于新手良好地、更快地适应公共部门的工作环境和工作角色，从"组织外部人"转变为"组织内部人"。新手在很长一个时期内不能够变被动地"要我"为主动的"我要"。

新手来到陌生环境，因为对工作的不了解和对自我的过高评价，常常容易对周边环境、同事行为有过度敏感的反应，对于日常刺激和情绪不能够良好地控制，对于发生的事情，甚至冲突的意义不能客观

认识和评价，对于压力的感知频繁、清晰而且偏向消极评价和反应，缺乏对于压力的调节、自我效能感的利用和提升，往往太多焦虑，让小事、小摩擦发酵、繁衍为大事、大矛盾。新手的对刺激的不适应问题，与环境交互过程中的偏激反应、沟通过程的困难及沟通冲突形成恶性循环，阻碍新手适应岗位和环境，更何谈有信心能够胜任岗位、创造优异绩效。

2.2.4.4　学习培训活动不够强，培训及心理教育营养不良

（1）新手入职培训拖到花黄

新手入职培训与通识培训不能及时发挥作用，为节约时间和成本通常积攒一段时间再进行，甚至是年底为满足绩效考核指标匆匆应付任务。往往不能及时帮助新员工系统认识新岗位及新环境，正确地学习业务流程，更不用说良好适应和融入集体。

（2）沟通能力培训淡出职场

沟通意识和沟通技能的专项培训开展不足，沟通能力等专项培训总是"说起来重要，干起来次要，忙起来不要"。培训与指导严重缺失，致使很多在部门老员工和外人看来微不足道的沟通小事、交流摩擦等就足以成为新人L眼中的阻断性压力源。

（3）心理疏导培训希望渺茫

公共部门缺少对新人的压力教育和压力管理的专项辅导。很多公共部门往往只把心理培训、压力疏导列在年初计划或培训计划里面，却是很少落实，或者执行阶段也只是草草了事，形式大于内容，效果少于声势。

公共部门因为其特殊性，往往一人一事或者一人多事，因此对所属人员的业务能力有较高的要求。对新人的培训，往往将关注点放在

部门职责认识和工作流程宣贯上，并且将此类培训内容视为"硬货"。忽视了对新人沟通技能、情绪和压力管理等方面"软实力"的加强与赋能。软硬兼备，才能避免成为公共部门新人中的"跛脚鸭"。实际上，在新人入职后的培养重点上往往会有失偏颇，重业务而轻其他。而新人对工作的不适应，就会像滚雪球一样不断恶性循环，从原本可以通过调节化解，克服后能促进新人成长的挑战性压力源转化成为阻断性压力源，最终成为积重难返的问题。

公共部门对新手适应工作情况重视不足，缺少像私营部门组织团建活动的激励手段，也容易让新人感到自身潜力与价值受到了忽视。而原本应当进行相关培训和心理教育工作的工会，也萎缩成为在逢年过节时发放粮油米面生日蛋糕的部门。对于踌躇满志的年轻人来说显然会进一步加大心理落差。在现有的公务员录取体制下，每个通过公务员考试的新人都是在报录比极高的情况下，经过层层选拔、精挑细选出来的，从考试评价体系来讲，最终进入公共部门的新人都是精英才俊，是稀缺的人才资源，对其应当呵护保护爱护，并对其成长和进步过程中出现的问题秉持包容心态。

2.2.5　对策有效攻防

政府部门和公共部门要视人才为资源，重视人才资源的开发。正本清源，坚决破除官本位思想，不忘全心全意为人民服务的初心，秉持大家都是服务人民的勤务员的理念，使尊重人才、爱护人才的局面在公共部门蔚然成风。各部门要建设部门人才资源库，对每年入职的新人进行登记造册，关注每一位新人的成长与进步，为他们的发展与施才积极创造有利的环境，充分挖掘新人的潜力与创造力，做到人尽其才。对于个体出现的问题，要及时介入，争取在萌芽阶段解决问题，本着对新人负责的态度，及时纠偏，调准航向。为改善公共部门新手适应问题，保障公共部门职能的顺利发挥和使命的高效达成，我们提出以下对策和建议。

2.2.5.1　选拔机制把关质量

（1）招考环节充分沟通多提倡

"破墙"第一步，给沟通加支助。在传统的结构化面试的基础上，给面试主考官更多自主权，对应聘者与招考职位及单位的匹配度进一步考察，对应聘者沟通能力等不易在笔试中得到考察的能力进行全面考察。选拔环节应搭台压担，使得人岗更加匹配，提高公务员招录效率。

（2）补录制度试用解聘增选项

"破墙"第二步，为沟通开辅路。完善试用期解聘条款，给招录单位更多主动权。对于提出试用期解聘的招录单位，需要提出明确、充足的依据，批准通过后应允许招录单位当年组织重新招录，给招录单位更多试错空间，进一步提升公务员队伍素质。

当然，此项举措并不是说抱着只要不适应就放弃、只要不适应就是员工个人原因的态度来解决问题，而是期望通过选拔与淘汰机制的合理设置和科学利用，促进"正向压力"和"挑战性压力源"对于新手的积极影响。"生于忧患，死于安乐"，"人无远虑，必有近忧"，通过牵引新手向更高目标、更远未来眺望，积极克服当下困难，寻求更多解决办法，对于眼前的事务、环境有更高的站位、更大的格局来看待和反应。

2.2.5.2　党建关怀架设桥梁

"开窗"第一步，使沟通升温度。注重思想政治引领，强化筑牢理想信念根基。在民主生活会之外，以党建引领公共部门新入职员工培训工作，切实发挥基层党组织的堡垒作用，培训形式灵活多样，培训内容生动有效，以点连线，以线带面。培训内容要科学设计，既要筹划所有公共部门的通用模块，也要根据各个部门不同部门职责和工作形式设计专业模块。

借助优秀青年团队力量关心关爱新员工的工作、生活和学习，及时关注新员工的实际需求和思想动态，对青年进行正确的思想引导和生活帮扶。在员工入职后，实施认知培训计划，以形式多样的方式开展习近平总书记系列重要讲话精神培训，将集中培训和日常教育相结合、组织教育和自我提高相结合，依托"四个课堂"深入开展党史学习教育，采取"天天读、周周讲、月月谈"3种学习模式，通过对党史深层次认知，做好参加培训前的专业认知性培训和实践教育，制订新员工培养计划。强化形成岗位学制度、学规矩、学做人的正向引导。

通过"党建+"工程建设，实现组织技能型、技术型、管理型全方面人才的干预培养、过程培养和目标培养，努力打造一支素质优良、能力突出、作风过硬、善打硬仗的一流青年人才队伍，把党员培养成业务骨干，把业务骨干培养成先进典型，以优秀党员表率作用的发挥，增强党建质效发挥，推动全体党员先锋模范作用的发挥，推动组织发展始终沿着党建引领、支部带动、党员率先的模式健康有序发展，以党建工作质量提升带动各专业工作精益化管理水平持续上升，形成"党员带动职工、职工推动党员、党员和职工相互促进"的良好局面，最终实现与组织共同发展。

通过党组织发挥根本作用，全方面、细致入微的学习引导和共同活动，以及畅通沟通交流渠道，启动温暖的按钮，创造环境的基础厚度和黏度，增强新员工的融入感和归属感。

2.2.5.3　压力认知敞开心房

"开窗"第二步，为沟通拓心路。从个体层面来讲，新人要做好情绪认知和情绪管理。从科学层面对情绪产生的认知评价理论进行学习，做情绪的主人，而非情绪的奴隶。在刺激和反应之间还有一个空间，在那个空间里有选择反应的自由和能力，认知正是这样一种桥梁、发挥的空间，成长也在这空间里。我们选择的态度激发了我们采取行动的热情，将可能变成现实。需要在认识自己这一关键领域中找找发力点，对内加强自我的情绪管理修养，对外做他人情绪所依赖的社会环境的友好因子，内外兼修，合力营造公共部门的良好情绪氛围。

新人应当正确看待和应对压力，识别压力并对压力作出精准分类，分而治之。多换换频道、换一个角度看待环境和自己，可以促进个人意义的发现和责任感的提高。面对阻断性压力时，要积极调整心态，敢于面对问题、解决问题，疏导消极情绪，缓解压力带来的不适。从部门管理者而言，在日常工作和专项培训中，要引导新人树立正确的压力观，因势利导，合理分配工作，从压力源头介入管理，在压力源和部门新人之间设立缓冲地带，使新人逐步适应部门的压力风格与压力节奏。

公共部门新人要积极发挥主观能动性，不能"等靠要"，要主动追求进步。新人主动社会化行为有助于使新人更快地适应公共部门的工作环境和工作角色，从"组织外部人"转变为"组织内部人"。变被动的"要我"为主动的"我要"。把自己的沟通接收器打开，正常运转、维护并定时升级。把心打开，让别人的情感有机会传送，做好这个珍贵的开端，召唤亲密的伙伴，聆听新的看法，以此增加对自身的了解、对环境的适应。进一步来说，对环境和工作有更高的认知，不在"为某某单位工作"找寻意义，而是要在"服务某个社区/地区"中找寻意义，让意义这种能量转化和流动起来。

同时，组织层面做好新入职公职人员压力管理和心理调适工作。新人初入公共部门产生的不适是一种常态，那么解决这种不适也应当成为公共部门的一项制度化、常态化、长效化的重要工作事项。

2.2.5.4　学习培训输送营养

（1）新手入职培训开好篇章

"开窗"第三步，给沟通加速度。人的内心都是希望受欢迎、被温柔地接待、被支持的。迎接新员工的关键环节之一便是新员工入职培训，入职培训在引导新员工了解组织愿景和定位，深入地感受新岗位的使命和职责所在有着不可替代的作用。入职培训通常包含组织的发展历程、大事记介绍，组织文化和理念介绍，组织架构和人员规模介绍，组织规章制度及业务流程说明等，同时，还包含了新员工介绍、员工互动游戏、新员工代表发言、疑问和困惑解答等环节。通过这些内容的宣贯、环节的设置可以第一时间促进新员工对于单位、部门、岗位有全面和正确的认识，并促进新老员工及时认识、互相了解、加强联系。为日后工作开展奠定沟通交流的基础，培养共事合作的默契，开启引力场、添加催化剂。

（2）沟通能力培训保驾护航

"开窗"第四步，为沟通做巩固。培训可促进经验和知识背景的适度重叠，对彼此的情况把握越准确，越可能在对方视角上看待问题，易于达成共同理解、减少冲突。各公共部门应当因地制宜，结合部门自身机构权属设置、内部工作流程和外部服务群体的不同特点，有针对性地加强对部门新员工的沟通技能培训。沟通能力是基本技能，更是必要技能，有效的交流和沟通往往能避免和解决很多问题，提高工作效率并保障和提升工作效益。公共部门应注重为新员工，包括老员工，创造更多学习和提升沟通技能的机会，建立良好的沟通氛围，助力新员工及早融入、快速适应，增添润滑剂、提升柔韧度。

（3）心理疏导培训破除心墙

"破墙""开窗"组合拳，使沟通越险阻。通过周期性的心理健康培训或是针对性的压力疏导课程、咨询活动等帮助新员工正确认识自己、科学评价压力、积极处理情绪问题。可通过对员工个性和压力来源做具体而全面的分析，对于新员工遇到的沟通问题、工作困难进行及时疏导，帮助其及时释放积攒的压力和不良的情绪，防止产生阻碍日常工作和沟通的场景。引导新员工认识到，个体身份不是在孤立条件下，而是在与别人建立联系过程中产生的，能够清楚地知道个人和组织、个人工作和组织职能实现之间的关系，提振个人士气。促进新员工以更积极的心态对待周边人事，不设防地接纳合作的同事、领导和服务对象等。保护心理健康，促成心态平和，以便更从容、科学地面对职场中的沟通问题。共同打造一个大家互相给劲、互相赋能，都使得出力气的能量聚集场和幅散地，释放旺盛的生命力，展现鲜活的生动性。

透过多维度的培训学习活动，一方面是增加知识、提升技能和促进心理健康；另一方面也是促进形成学习型组织，营造积极向上的组织氛围和组织文化，连接细腻情感，促进新老员工互相扶持，"比学赶帮超"的同时"传帮带"，拉着新员工共同进步、共同战斗。用环境凝聚人才，用学习提升人才，促进技能活化、情谊融化、价值观内化，使个体与组织相互作用、互动共生，打造共同的底色和成色，创造人文优势，将文化软实力转化为现实生产力和硬支撑。

2.2.6 结语

根据清华大学的统计数据显示：2022 年上半年，全国共有 46 万家公司宣布倒闭，共有约 310 万个体工商户注销。2022 年全国大学生毕业人数达到了惊人的 1076 万人，历史首次突破千万大关，应届大学毕业生面临的就业形势可谓雪上加霜，就业难度可想而知。在此大环境下，工作稳定、社会地位优越的公务员则越发被应届毕业生所青睐，因此进入公共部门成为这些年轻人的择业首选。

国家公务员考试的报名人数最能有力地反映这一就业趋势的变化。据《北京青年报》2022 年 11 月 4 日报道，2023 年度国考报名已于 3 日 18 时全部截止，总报名人数已突破 250 万人，相比 2022 年增长了 50 万人，同比增长 25%，资格过审最大竞争比超 5800：1。据悉，此次国考报名人数刷新了纪录，达到了近十年之最，过审平均竞争比为 60.31：1。

在经济大环境疲软的情况下，公务员报名人数连年创新高的局面并不令人意外。据华图教育数据，应届生在国家公务员考试中一直有着较大优势，2019—2021 年应届生招考人数占比一直为 45%～60%，有将近一半的岗位作为应届生身份都是可以报考的。而在 2023 年国家公务员招录计划中，更是设置了 2.5 万个计划名额专门招录应届高校毕业生，占比约为 67.4%，针对应届毕业生的招录占比为近年来最高。由此可见，应届毕业生是参加公务员考试的主力军。

同时，职业懈怠问题却也普遍存在于中国公务员群体中，公务员是我国目前职业倦怠指数最高的职业。而大量研究证明，这种职业懈怠与公务员这一工作岗位带来的压力密切相关。2007年，由广东省青少年工作领导小组主持，广东青年干部学院青年研究所、中山大学中国族群研究中心等机构承担实施的首部《广东省青少年发展报告》，是广东省青少年发展动态的第一个权威性成果。其调查的结果显示，50.3%的青年公务员经常感到压力，31.2%感觉太累，1.6%有时甚至会想到自杀。个体在职业环境中对长期的情绪紧张源或人际关系紧张源不能有效应对而表现出一系列心理、生理倦怠反应综合症状，这种由压力带来的职业懈怠不利于公务员群体发展的同时，也会对政府的执行力和执政水平造成影响，更会对治理体系治理能力现代化过程有着负面影响。

从报名、笔试、面试到体检、政审，直至最终的公示，一名应届毕业生要经过层层严格的筛选，才能从大学校园步入政府部门等公共部门。公共部门的特殊特点需要入职的年轻人尽快适应，对新入职的应届毕业生和其他人员有更高要求，而作为公共部门的新手如何能快速有效地适应全新的工作环境，沟通冲突与解决问题显得尤为重要。新入职公务员的沟通问题若得不到妥善解决，既不利于公共部门补充新鲜血液、更新换代，也将阻碍公务员个人能力的提升与职业前景的发展。

本案例选取北京市海淀区某政府部门新入职公务员L的真实故事，他所曾亲历的沟通冲突问题，在公共部门中具有普遍性。本案例对问题的出现与解决展开管理与组织方面的理论分析，进一步挖掘本案例的理论价值和实践意义。

参考文献：

[1] 张建军. 我国公共部门人力资源管理的特点及改进对策 [J]. 人力资源开发，2007（1）：17-19.

[2] LAZARUS R S, FOLKMAN S. Stress, appraisal, and coping [M]. New York: Springer, 1984.

[3] ELLIOTT T R, CHARTRAND J M, HARKINS S W. Negative affectivity, emotional distress, and the cognitive appraisal of occupational stress [J]. Journal of Vocational Behavior, 1994, 45（2）：185-201.

[4] FOLKMAN S, LAZARUS R S, DUNKEL-SCHETTER C, et al. Dynamics of a stressful encounter: Cognitive appraisal, coping, and encounter outcomes [J]. Journal of Personality and Social Psychology, 1986, 50（5）：992-1003.

[5] XU X, JIANG L, HONG P Y, et al. Will mindful employees benefit from positive work reflection triggered by transformational leadership? A two-study examination [J]. International Journal of Stress Management, 2021, 28（1）：61-73.

[6] HE Q, WU M, WU W, et al. The effect of abusive supervision on employees' work procrastination behavior [J]. Frontiers in Psychology, 2021, 12: 596704.

[7] COURTRIGHT S H, COLBERT A E, CHOI D. Fired up or burned out? How developmental challenge differentially impacts leader behavior [J]. Journal of Applied Psychology, 2014, 99（4）：681-696.

[8] JIN Y. The effects of public's cognitive appraisal of emotions in crises on crisis coping and strategy assessment [J]. Public Relations Review, 2009, 35（3）：310-313.

[9] 张冉. "被幸福" 的公务员为何不是 "真幸福"？[EB/OL]. （2013-05-22）[2023-12-13]. http://cpc.people.com.cn/n/2013/0522/c241220-21572019.html.

[10] DONG Y, SEO M G, BARTOL K M. No pain, no gain: An affect-based model of developmental job experience and the buffering effects of emotional intelligence [J]. Academy of Management Journal, 2014, 57（4）：1056-1077.

[11] KIM D, SHIN J, SEO M G, et al. Enjoy the pain that you cannot avoid: Investigation on the relationship between developmental job experience and employees' innovative behavior [J]. Journal of Business Research, 2021, 126:

363-375.

[12] 中共中央组织部，人事部. 公务员录用规定 [EB/OL]. （2020-01-08）[2023-8-8]. http://www.scs.gov.cn/zcfg/202001/t20200108_16198.html?eqid=fe8fe2e900 07a9790000000364360d6d.

[13] 缪国书，许慧慧. 公务员职业倦怠现象探析——基于双因素理论的视角 [J]. 中国行政管理，2012（5）：61-64.

[14] 张鹏，孙国光. 公务员职业倦怠成因及干预对策 [J]. 中国行政管理，2008（10）：17-20.

[15] 李润欣，薄建柱，赵梦园. 乡村振兴背景下压力感知对乡镇公务员心理健康的影响：有调节的中介模型 [J]. 中国健康心理学杂志，2023，31（10）：1441-1447.

（本章感谢周明悦、张冰、徐培平、乔泽伟、廉维一同学在实地调研、材料整理等方面的积极贡献）

第三章　公共部门新员工职业适应力量表开发

3.1　研究背景与理论基础

3.1.1　研究背景

3.1.1.1　现实背景

随着我国社会发展进步和经济水平提高，人们生活方式的变化、青年人的择业观念、职业价值观和就业动机等呈现出新趋势、新变化。

2022 年被称为高校毕业生"最难就业季""。大学生就业已经成为当前我国非常重要的一个社会问题，而公共部门一直是很多大学毕业生及年轻人工作的首选。据统计，2022 年度应届毕业生达 1076 万人，国家公务员考试报名人数更是突破 202 万人，进入"井喷"状态。"朝九晚六""五险一金"，工作时间规律不加班、薪酬福利有保障更加吸引青年的眼球；收入稳定的"公务员""事业编"等成了当下青年热衷的就业选择。公共部门就业成了很多高学历人才的"白月光"。例如，某区某局"一级主任科员及以下"一职竞争比为 20 813∶1；深圳中学教师面试者博士学历者过半；某 *Nature* 论文第一作者回家乡做公务员等事例不胜枚举……"宇宙的尽头是考编"的玩笑话，一定程度上投射出在社会经济环境低迷的情况下，当代青年人对就业的焦虑，以及对稳定、体面和具有相对较高收入工作岗位的追捧，同时大量高学历、高素质、高智商的"三高"新员工也大量涌入各个部门，为所在部门带来新的气象。

"三高"新员工是公共部门更新迭代的新鲜血液、创新提升的活力源泉及可持续发展不可或缺的人力资源，但也有不少人以耐心不足、职业适应力差和工作稳定性弱等负面标签标注这一群体。公共部门的发展与创新必然面临不断的变化与革新，新员工入职后由于面临陌生的组织环境、差异化的同事与领导，以及特殊的工作内容等诸多挑战，或多或少地会出现角色职责认知模糊、沟通不畅、不适应领导风格等问题，从而影响其工作中的情绪、态度和行为。新员工能否顺利适应其所任职的公共部门及其岗位要求，对其提升工作满意度和任务绩效有较大的影响。因此，研究公共部门新员工的适应力问题是公共管理领域研究的重要问题。本章将以"公共部门新员工职业适应能力影响因素"为主题展开研究，着重研究其影响因子与作用机制。

在日益复杂的社会环境下，公共部门面临诸多复杂难题。最典型的是，当公共部门是政府部门，它以公共权力为基础，具有明显的强制性，依法管理社会公共事务，目标是谋求社会的公共利益，对社会对公众负责，不以营利为根本目的，不偏向于任何私利。公共部门是一个庞大的组织体系，是由内部运营方式并不相同的组织构成，这决定了在公共部门中不同类型的组织，人力资源管理的模式和形态也是多样化的。本书的公共部门主要是指政府机关、国有大型企业及事业单位的范畴。

Kammeryer-Mueller 和 Wanberg 认为，新员工是指在组织社会化研究中在组织内任期不超过一年的新雇员。苏晓艳将新员工定义为在组织内工作不满 3 年的员工。本章结合当下实际现状，综合前人的研究成果，对职场新人进行界定划分：刚刚迈出校园，还处在职业适应期的高校毕业生。他们毕业后踏入职场，没有选择继续深造，从学校到职场，从学生到下属，环境的不同、角色的转变容易使他们产生职业适应不良的现状。由于刚踏进职场，与老员工相比，新员工更加渴望能够得到部门管理层及同事的认可，表扬和荣誉对他们能够起到正面的激励作用。同时新员工希望通过具有创新和挑战性的工作来实现自身的价值，但实际上初入职场，由于缺乏工作经验、不熟悉工作流程及同事间信任感不足等原因，新员工的工作内容大多具有单一、高重复性、少创新等特征，这些特征在一定程度上会导致新员工产生厌倦感。基于以上特征及原因，本项目选取公共部门新员工为研究对象，包含政府机关、国有企业及事业单位等公共部门入职 3 年以内高校毕业生。

3.1.1.2　研究背景

自 20 世纪 70 年代以来，职业适应问题一直是国外社会学和心理学领域研究的热点之一，并形成了一套比较成熟的职业适应理论。我国在职业适应力研究方面起步较晚。通过小组收集、查阅中外文献发现，国外学者从心理学和社会学的角度解释，重点关注人在职业适应中出现的问题，强调生理学与心理功能和职业发展的匹配度。国内学者比国外学者更统一，较注重对工作环境适应的研究。近年来，国内部分学者对于上级领导风格与员工职业适应力的研究是较为热门的。但是这些多针对广义上的员工适应力，如果限定研究部门——公共部门，限定研究主体——新员工，相关直接研究很少。

在中国知网上以"职业适应力"为主题对文献进行模糊匹配检索，共有记录 290 条，其中从 2004 年开始逐年递增，大部分文献资料研究的人群主要集中在教师、学生、警察，随后以"公务员职业适应力"为关键词在结果中检索相关研究文献，仅寥寥数篇。职业适应力是一个广义的概念，工作重塑、可就业力、生涯适应力等均可包含其中，而以"公共部门新员工职业适应力"为主题的研究甚少，本书通过对公共部门新员工职业适应力影响因素的分析与梳理，为研究新员工的职业适应力提供可参考模型，促使其在公共部门必需专业知识、工作技能、职业价值观与思维方法等方面不断学习，有效激发员工自身潜能及自信，转变其职业角色认知，提升工作满意度与职业认同度，最终实现公共部门绩效的提高与创新。

3.1.1.3 政策背景

当今世界，综合国力竞争的本质是人才的竞争。青年人才是国家战略人才力量的源头活水。2003年12月，中共中央、国务院出台的《关于进一步加强人才工作的决定》指出：树立科学的人才观。人才存在于群众之中。只要具有一定的知识或技能，能够进行创造性劳动，为推进社会主义物质文明、政治文明、精神文明建设，在建设中国特色社会主义伟大事业中作出积极贡献，都是党和国家需要的人才。2016年4月，习近平总书记在网络安全和信息化工作座谈会上指出，"要建立灵活的人才激励机制，让作出贡献的人才有成就感、获得感"。"构建具有全球竞争力的人才制度体系"。习近平总书记在党的二十大报告中强调，"全党要把青年工作作为战略性工作来抓，用党的科学理论武装青年，用党的初心使命感召青年，做青年朋友的知心人、青年工作的热心人、青年群众的引路人"。

培养社会主义建设者和接班人是教育的根本任务，也是中国共产党历来坚持的传统。2019年7月，中共中央办公厅印发《关于贯彻实施公务员法建设高素质专业化公务员队伍的意见》，明确要"努力建设一支信念坚定、为民服务、勤政务实、敢于担当、清正廉洁的公务员队伍"，力争从政治标准、职业价值观、工作伦理和激励机制等多维度全面开创新局。在党的二十大报告中，更是对干部队伍建设的标准和要求作出了明确指示："建设堪当民族复兴重任的高素质干部队伍""坚持德才兼备、以德为先、五湖四海、任人唯贤，树立选人用人正确导向，选拔忠诚干净担当的高素质专业化干部，选优配强各级领导班子""加强干部斗争精神和斗争本领养成""激励干部敢于担当、积极作为"。

因此，把"公共部门新员工"看作青年人才的先锋力量和部门发展的新鲜血液，研究其在入职 3 年内，如何利用在家庭、学校及社会中的所学所得，将公共部门组织需求同未来职业发展规划及个人性格特质相衔接，实现资源整合与调试，最终取得各方需求平衡的现实路径；其中，"公共部门新员工"在这一进程中如何以自驱力丰富个人职业能力与素养储备，促进实现公共部门"为人民服务"的职业目标与个人职业发展成就的双赢，是本研究的重点内容和关键问题。

3.1.2 理论基础

班杜拉（Bandura）提出的社会认知理论（Social Cognitive Theory，SCT）强调个体行为、主体认知和社会环境三者之间是动态交互影响的，构成"三元交互"模型（图 3-1），行为、个体与环境三者之间单向、双向及三向相互作用，该模型是社会认知理论的核心。

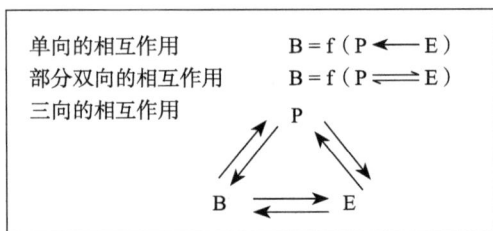

单向的相互作用 $B = f(P \longleftarrow E)$
部分双向的相互作用 $B = f(P \rightleftharpoons E)$
三向的相互作用

B 指行为，P 指个体，E 指环境

图 3-1 "三元交互"模型

该理论在多个领域有广泛应用，对本研究也有恰当且准确的适用性。本研究重点是在特定组织环境"公共部门"中，影响特定个体"新员工"的职业行为与认知的诸多因素间的内在联系及其与组织环境间的交互影响，与"三元交互"作用分析与关键问题中职业适应行为影响因素的研究情理相通。

3.1.2.1 职业适应的内涵和特点

"职业适应"的概念由"适应"一词延伸而来，在生物学上，"适应"被定义为伴随周围环境的变化，个体的内在特性、生活习惯、思维方式随之改变的能力。心理学将"适应"定义为在社会、文化、经济等因素及组织系统的变化中，个体为其谋生、发展而作出相应变化的能力[5]。外界对"职业适应"还没有固定的概念，总结前人的经验，本研究将职业适应定义为在职业认知和实践的基础上，人们不断调整和完善自己的观念、态度、习惯、行为和认知结构，以适应工作的性质和职业的外部要求，通过调整自我实践行为，与特定的职业环境相互适应，从而实现对职业生活发展和变化的适应过程。"适应行为"是个人适应社会环境而产生的行为。人的一生是一个不断适应环境的过程，这种适应是一种积极的状态，而不是被动的，人们会采用适当的措施和方法去改变环境，从而解决他们在社会发展和生活中遇到的障碍。职业适应是人们通过获得不同职业所需的职业技能和能力，并利用这些技能成功融入社会环境的过程。

关于职业适应的现有研究，主要有职业适应性的定义、对职业适应的评价标准、职业适应性结构的测量指标、职业适应性的实证调查研究 4 个方面。我国学者田燕秋认为："职业的适应性从人和职业两个角度来看，一是对人而言，人的个性特征对人所从事职业的适宜程度；二是对职业活动而言，某类职业活动的特点对人的个性特征和其发展水平的要求。职业的适应性是两者在经济和社会的活动过程中达到相互协调和有机统一。"周春开从心理层面强调"职业适应也称工作适应，是人在职业活动中，对工作提出各种问题时的一系列心理过程"。陈成文认为，职业适应性是个体对职业技能、环境、人际关系等方面的适应过程和结果，是人与职业动态协调的过程。张宏如认为，"适应是一个过程，可以是通过调整发展主体性动作以满足客体变化的过程，也可以是个体与环境相互协调不断趋于完善的过程"。郭贵川、邢海霞等认为，"职业适应是指个人与某一特定的工作任务、环境和人际关系等进行互动及调整，以达到和谐的适应过程和结果"。

胡巧婷、王海江、龙立荣认为，工作重塑影响新员工的工作投入，进而影响他们的任务绩效和创造力。这里的工作重塑就是新员工主动、个性化地调整工作，使之与个人特征更吻合。新员工的工作重塑对任务绩效和创造力具有积极作用。王海波、严鸣等认为，员工的角色社会化程度与职场排斥行为相关。这里的角色社会化程度在某种程度上就是职业适应力的表现之一。

3.1.2.2　相关量表

近年来，学术界对新员工职业适应力的研究多集中在企业背景下，以公共部门为研究对象的研究较少。结合文献述评，本研究认为，职业适应是指个人在与某一特定环境的相互影响下，不断进行资源调配、行为校正及认知转变，进而实现个人职业预期与工作成果、个体需求与组织需求及个体认知与组织环境间动态平衡的过程。职业适应水平则是个人某一时点上的职业适应的程度。人的社会化理论认为，职业适应是一种劳动者在个人继续社会化过程中很重要的一个环节，受到包括劳动者预期社会化等内容的社会化因素的影响。一般来说，考察一个人的职业适应问题应从个人方面的满足（Satisfaction，工作满意度和工作积极性）、组织方面的满意（Satisfactoriness，工作绩效和组织考核）两个方面进行。这也是职业适应力测量的结构维度和题项设计的认知基础。

基于在以往的相关研究中，缺乏针对公共部门新员工职业适应力的测量工具，我们力图通过分析公共部门新员工职业适应力的结构，尝试编制带有针对性和科学性的测量表格，为今后相关研究收集资料，提供参考。但由于小组成员的工作背景不一、学术能力及科研水平有限，该研究仍存在不足和偏差，不足之处还有待在今后的学习和研究中加以改进。

3.2　研究设计

3.2.1　研究内容与目标

工作适应能力是每位公共部门新人所必须拥有的，它直接决定着新人能否适应工作岗位、满足部门发展的要求。职场新人告别学生时代走向社会，进入公共部门不仅仅是"为人民服务"的开始，更是他们步入社会的一个过渡期和学习期，必然伴随着职业适应困扰的频繁出现。职业适应困扰不仅会对他们的心理及生理健康产生巨大影响，对新人未来职业生涯的规划与发展也有着深远影响。

本研究从调研"公共部门新员工有哪些职业适应困扰"这一问题出发，通过分析排查公共部门新员工适应力的影响因素，尝试构建公共部门对新员工能力需求要素与个人职业能力素养结构模型，比较两者间差异，并排序关键要素，探寻扣动新员工心灵扳机的支点，引导公共部门优质发展与个人职业规划的双赢，进而为加速提升职业适应力寻求可行路径，为优化公共部门人力资源管理建言献策。更高效创造公共价值和公共利益，谋取公共幸福。

基于此，通过滚雪球抽样法，组织来自政府机关、学校、公立医院、央企及事业单位 3 年以上的员工队伍，联系和推荐其身边的新员工（工作不满 3 年的人员）开展调查研究。通过访谈，分析新员工职业适应力的影响因素及评估指标。基于社会认知理论与班杜拉三元交互理论模型，筛选出新员工职业适应力影响因素的几个方面并编辑成问题，层层筛选，最终确定 20 个具有代表性的问题做成问卷，形成量表。

3.2.2　研究步骤

研究对象：公共部门新员工，包含政府机关、国有企业及事业单位等公共部门入职 3 年以内的员工。

研究目的：拟通过研究新员工职业适应力的影响因素，通过排序分析得出哪些影响因素强，哪些影响因素弱，获取对公共部门新员工职业适应能力的关键影响因素，即扣动新员工心灵的扳机。同时也通过构建组织及个人职业适应需求模型探索和验证是什么激发新员工自我效能感，提高内驱力等问题。

研究内容：拟对公共部门新员工职业适应力的影响因素进行深入透彻的研究。明确影响因素有助于澄清公共部门对新员工职业状态的期待，以及其相关职业能力的培养方向；调研访谈新员工职业适应行为表现，了解样本群在职业适应期的主要问题及困扰；职业行为表现与能力素养要求之间的差异表现及其影响因素，构建"职业适应力结构模型"。

3.2.3 量表开发思路

本研究以王益富等的"员工职业适应能力量表的编制"、于海波等的"基于生涯资本理论的大学生可就业性 3C 模型及其特征"、柯江林等的"心理资本：本土量表的开发及中西比较"、程雪莲的"中国文化情境下责任型领导的结构维度和量表开发"等高认可度的成果为参考模板。我们发现，量表开发的一般思路和方法是（图 3-2）：通过演绎和归纳相结合的方法生成量表的题项。演绎研究是在通过对相关文献回顾的基础上生成量表的初始题项。归纳研究途径则是通过提出开放性问题，广泛搜集被试对于组织或某人某方面的行为描述，然后通过内容分析，对描述语句中的关键字或主题进行甄别、分类，进而归纳出新概念内涵。

1.明确目标概念作为因变量的变量特征	
POB 标准	四类变量

2.基于目标概念界定及量表文献综述明确研究问题、目标、思路	
文献综述	技术路线

3.选择多种途径收集陈述句进行编码整理与概念范畴归类，并让第三方进行反向归类，得到目标概念的界定维度和量表的初始题项	
陈述句归类	初始题项

4.量表的预试与分析方法：项目分析—探索性因素验证（EFA）—得到短版量表—信效度分析

5.目标概念构建的结构验证：CFA 验证模型，结合 Null 模型的卡方与自由度比判断拟合效果，得到特定情境下目标概念测量模型的拟合指数
选取预试样本—设定多个备择模型—运用软件

6.特定情境下目标概念与各效标之间的效标关联效度分析：描述性统计与相关性分析、模型回归分析	
关联效标（有几个？怎样选定？）	逐个验证 / 一个变量对应一个成熟量表

7.本土量表与西方量表的比较
比较方法—补充完善—理念自信

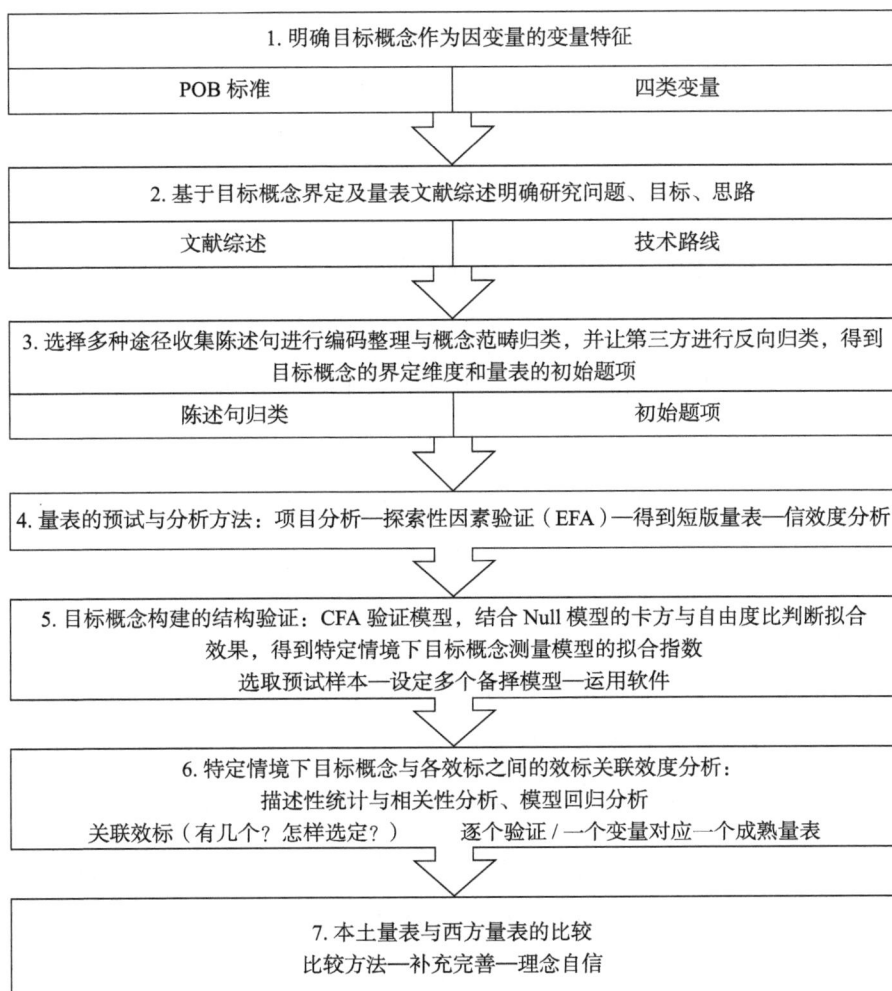

图 3-2　本土量表开发的一般思路

3.3　量表开发过程及结果

3.3.1　量表条目的生成、选择和修改

　　近年来，学术界对新员工职业适应力的研究多集中在企业背景下，对于公共部门的研究较少。本部分由文献回顾生成部分职业适应力量表的基础题项。关于职业适应力的测量，Huebner 等学者认为职业适应性测量指标包括发展的渴望、自我效能、人际能力、自治。

Compbell 等将职业适应性分为 8 个维度，包括解决问题的创造性、对不确定工作情境的处理、对工作任务及程序的学习、人际适应性、文化适应性、体能适应性、危机情境管理和工作压力管理。

3.3.2　对半结构化访谈所得多个案例进行编码

关于新员工在公共部门适应性的半结构化访谈报告：

新员工因所在单位的性质、部门、工作内容不同，其适应性也有差异，即便采用宽泛的开放式问卷调查也难以准确描述这一问题。所以本次调查的访谈仅限于公共部门，我们选取了政府机关、医院、事业单位、学校 4 个具有很强代表性的单位。访谈对象分别从新员工及老员工两个角度选取。新员工对自身工作岗位职责、领导要求及职业心理需求，特别是在职业适应期的困扰及应对有更为直观的体验，因而适合作为我们主要的访谈对象之一。另外，老员工由于都经历过新员工阶段，同时已具有更高层次的职业视野和较丰富的工作实践，因此不管是从自身的经历感受出发，还是从现有角色对新员工的期待，都有较为全面的认知。此外，绝大部分公共部门都会积极采用老人带新人的"传帮带"工作方式，这种工作方式不仅较好实现了在新老员工间传承工作经验、提升新员工职业能力的组织发展需求，更能够在组织内部形成较融洽的人际关系与工作氛围，因此，老员工对新员工是否适应岗位职责有一定的判断能力，对新员工职业表现是否符合组织期待也更有发言权。小组成员也期望通过对老员工的访谈促进他们对新员工适应力的关注。总之，从这两个角度考量选取被访谈对象，每一类被访谈对象都各有特色，但又殊途同归，有助于小组成员对公共部门新员工职业适应力有更加全面且深入的了解。

访谈对象：本小组访谈对象一共 20 人，分别来自政府机关、事业单位、医院、学校，其中新员工10人，老员工10人。

访谈内容：访谈内容围绕"所在组织直管领导的领导风格""所在组织对新员工的职业引导与培养""所在组织的人际关系和工作氛围""所在家庭对新员工职业适应的支持""员工性格特质"5个方面进行，本次访谈主要目的是探讨对新员工适应性的影响因素。根据访谈对象不同，设置的题目各异，不仅仅对适应性的影响因素进行调查，同时做了相关补充。

频次统计：在进行文献检索及访谈后进行文字整理编码，我们共得到关于新员工适应力的条目178条（表3-1）。小组成员分别来自不同工作单位，涉及不同领域，具有很强的代表性。

表 3-1 新员工适应力的影响因素频次统计

关键词	频次	关键词	频次	关键词	频次	关键词	频次
父母自豪感	10	工作压力	28	职业自信	15	领导关注	17
家庭支持	10	积极态度	19	同事沟通	20	交谈方式	5
家庭环境	9	自我认知	29	师带徒制	10	工作态度	16
入职培训	36	职业灵性	67	协调同事	10	观察学习	5
入职晋升	19	职业规划	29	人际关系	61	沟通主动性	19
工作氛围	13	学生经历	19	领导沟通	17	外部激励	10
信息共享	7	工作价值	34	领导关系	44	职业发展环境	10
职业发展	19	自我要求	10	领导风格	25	职业调整	9
主动学习	20	职业成就感	9	配合领导	9	社会支持	16
情绪调节	20	职业认同	29	领导招聘意向	8	既往经验	59

结果分析：通过调查及编码，一共提取了178个条目，对110个条目进行讨论归纳，一共得到40个关键词，再通过对40个关键词进行分类，得到5个主维度。5个主维度分别为领导方面、同事方面、

组织方面、个人方面、家庭方面。

确认性归类：经过对数据的初步整理与归类，为保证研究的信度，参考前人文献的做法，进行确认性归类。邀请有量表开发经验的老师和研究生进行反向归类，即让被试先了解有哪些归类范畴，再请被试将题项分配到归类范畴中。为了检验上述归类的正确性和有效性，并通过"问卷星"第一次发放电子问卷。

3.3.3 对调查问卷的编制设计与测试筛选题项

调查目的：通过设计问卷，收集数据，总结分析，调查公共部门新员工适应力的影响因素，该问卷设计同时能发现新员工在公共部门适应性的相关问题，提出改善建议。

选取在公共部门，入职 6 个月至 3 年以内的员工作为研究对象。在问卷设计方面，分别设计了 27 道选择题，共分为 5 个维度，用 Likert 6 点法进行自我评价。其中第 1 ～ 6 题为领导方面，第 7 ～ 10 题为同事方面，第 11 ～ 19 题为个人方面，第 20 ～ 24 题为组织方面，第 25 ～ 27 题为家庭方面。通过群体方法，收集有效数据，调查对其适应力的影响因素。

问卷收集方法：在获得同意后进行资料收集。调查前向调查对象说明本次调查的目的、意义及注意事项。采用匿名的形式填写问卷，承诺保护其隐私。所收集的数据只作为本次研究使用，绝不外泄。本研究以"问卷星"的问卷方式发布，对漏填、错填项进行核对，同时设置 1 道测谎题以保证问卷的完整性、真实性。

样本量计算：根据量表条目数和测量学分析方法估算样本量，样本量应为条目数的 10 ～ 20 倍，以利于进行因子分析和维持问卷结构的稳定性。在进行探索性因子分析时，为保证构建精确的效度，样本量最好在150例以上，验证性因子分析的样本量至少为200例。因此，本研究实际回收问卷273份，其中有效问卷有256例，有效问卷率为93.77%。

3.3.4 量表生成、检验和修正

3.3.4.1 量表设计

运用数据分析软件对题项内容效度进行检验分析。本量表为自评量表，用于评估公共部门新员工职业适应力。本量表结构维度有4个：人际沟通（5个题目）、职业规划（4个题目）、家庭支持（4个题目）、自我效能（4个题目），共计17个题项。

考虑到中间数值的选择倾向对于均值及方差的影响，为更好地对被试关于题项的倾向程度加以区分，本研究采用 Likert 6 点法对公共部门新员工职业适应力的 17 个初始题项进行量表编制，1 ～ 6 表示从"完全不同意"到"完全同意"（表3-2）。

表 3-2 量表题目

因子名称	题目
人际沟通（因子1）	与同事之间的分歧总是能很愉快地解决
	我与部门同事之间的沟通良好
	我感到我的领导对我的工作比较认可
	我与同事相处愉快，大家互帮互助
	我与我的直属领导沟通顺畅无障碍
职业规划（因子2）	我认为我的工作能实现职业价值
	我对自己未来职业发展有明确的规划蓝图
	我喜欢并积极参加单位组织的活动
	我喜欢所在部门的工作文化和氛围

因子名称	题目
家庭支持（因子3）	我有能力应对当前的工作
	我相信自己有能力解决工作中遇到的困难
	有困难时，我的家人们很支持我
	家人教会我许多，如如何与人沟通等
自我效能（因子4）	R 我常常感到领导指令模糊，无从下手
	R 不能适应工作，主要原因是我不能很好地处理和领导的关系
	R 我感觉单位的人际关系十分复杂
	R 我感到工作压力很大

注：带 R 的题目为反向计分题（已反向处理）。

为了检验公共部门新员工职业适应力量表的信度，保证样本容量非常重要且必要。经过全组 10 位成员的共同努力，通过"问卷星"平台，向项目团队成员各自所在单位及其亲友中，筛选符合研究条件的员工发放问卷。按照题项数目的 10～20 倍的标准，根据现实条件和实际可能性，本研究选择 15 倍左右，即 300 份左右作为问卷回收的数量目标。本研究实际回收问卷 273 份，其中有效问卷 256 份，问卷有效回收率为 93.77%。

在有效样本中，性别方面，男性占 35.16%、女性占 64.84%；工龄方面，入职 6 个月以下者占 16.48%、6 个月至 1 年者占 9.52%、1～2 年者占 17.22%、2～3 年者占 56.78%；学历构成方面，大专及以下占 21.61%，本科占 64.47%，硕士研究生、博士研究生及在读研究生占 13.92%；职位层级方面，普通员工占 81.32%、基层管理者占 11.72%、中层管理者占 6.23%、高层管理者占 0.73%。按照一般经验，从以上工龄与学历及职位级别的占比来看，本研究样本具有较高的完整性和真实性。

3.3.4.2 探索性因素分析与信度分析

（1）探索性因素分析

采用 SPSS 24.0 对数据进行探索性因素分析，KMO 值为 0.882，Bartlett 球形检验显著（$p < 0.001$），表明数据适合做进一步的探索性因素分析。采用主成分分析法提取因子，使用最优斜交法旋转以提取 4 个因素为原则来确定抽取因素的有效数目，根据特征值大于 1，共提取 4 个公因子。

依照以下原则筛检题目：①删除共同度低于 0.3 的题项；②删除因素负荷小于 0.4 的题项；③删除存在双重负荷（双重负荷均在 0.3 以上且负荷之差小于 0.3）的题项；④保证一个因子内部至少有 3 个及以上题目，且因子项目内容一致性较高。依据以上标准进行后续探因，均采用逐一删除准则。

经反复探索尝试，最终得到了总方差解释率达 69.354% 的清晰 4 因子结构（17 个题项），所有条目的因子载荷在 0.597 ～ 0.896。删除的题项为"我经常有换工作的想法""对新人来讲，必要的入职培训是必不可少的""父母对我的工作很自豪"。旋转后各条目的因子载荷见表 3-3，因子命名为：人际沟通、职业规划、家庭支持、自我效能。这些结果为公共部门新员工职业适应力的 4 因子模型的结构和内部一致性提供初步证据。

表 3-3　量表探索性因素分析结果（n=280）

	因子 1	因子 2	因子 3	因子 4
与同事之间的分歧总是能很愉快地解决	0.844			
我与部门同事之间的沟通良好	0.794			
我感到我的领导对我的工作比较认可	0.774			
我与同事相处愉快，大家互帮互助	0.752			

	因子1	因子2	因子3	因子4
我与我的直属领导沟通顺畅无障碍	0.738			
我认为我的工作能实现职业价值		0.875		
我对自己未来职业发展有明确的规划蓝图		0.829		
我喜欢并积极参加单位组织的活动		0.764		
我喜欢所在部门的工作文化和氛围		0.720		
我有能力应对当前的工作			0.896	
我相信自己有能力解决工作中遇到的困难			0.765	
有困难时,我的家人们很支持我			0.641	
家人教会我许多,如何与人沟通等			0.597	
R 我常常感到领导指令模糊,无从下手				0.858
R 不能适应工作,主要原因是我不能很好地处理和领导的关系				0.794
R 我感觉单位的人际关系十分复杂				0.763
R 我感到工作压力很大				0.692

注:项目负荷小于 0.40 的值在表中没有列出;带 R 的题目为反向计分题(已反向处理)。

（2）信度分析

通常 Cronbach α 系数的值在 0 和 1 之间。如果 α 系数不超过 0.6,一般认为内部一致信度不足;达到 0.7 ~ 0.8 时表示量表具有相当的信度;达到 0.8 ~ 0.9 时,说明量表信度非常好。

本量表和 4 个分量表的 Cronbach α 系数为 0.780 ~ 0.897,说明本量表内部一致性信度高,各条目间的同质性和内在相关性较好（表 3-4）。

表 3-4 量表信度检验情况

项目	指标	人际沟通	职业规划	家庭支持	自我效能	总量表
内部一致性信度	Cronbach α	0.880	0.897	0.839	0.780	0.882

3.3.5 结语

本研究得到以下结论：公共部门新员工职业适应力水平包含但不限于人际沟通、职业规划、家庭支持、自我效能等水平要素构成的 4 个结构维度。本研究涉及的各个访谈案例、调查问卷及数据验证都证实了这一结论。基于这一结论，本研究开发的公共部门新员工职业适应力量表从以上 4 个维度，罗列了 17 个相关题项，各个维度与整体量表的信度系数显示，该职业适应力量表具有较好的内部一致性。但验证性因素分析的结果显示，该量表的结构稳定性较弱，是本研究需要进一步完善的重要内容部分。

本研究的理论贡献和实践意义在于：①所开发的新员工职业适应力量表在以往的与职业适应、生涯适应等相关量表的基础上进一步聚焦公共部门员工的职业适应与发展。一方面是聚焦关注公共部门的特性，不同于其他的非公共部门，对于新员工在人际沟通、组织协调及价值取向等方面有着更高远更严格的要求，该量表突出体现人际沟通和家庭支持所内隐的道德取向和价值基础在新员工职业适应中的关键作用；另一方面是聚焦关注个体与组织的互动关系，尤其是个体职业规划与自我效能感对于职业适应力的作用。②在所开发公共部门新员工职业适应力量表的 4 个维度中，其中家庭支持对职业规划起到较为显著的正向相关性，职业规划水平与人际沟通的主动性倾向具有正相关性。另外，部分案例和数据显示，自我效能感水平与组织环境、领导风格等存在较为复杂的关联性。这一点，是后续进一步研究和完善的重要部分，并且在一定程度上，该量表已经为大学生做好就业准备，以及职业核心素养的前置积淀提供了理论参考。

本研究也存在以下局限性：①样本数据的来源有待于进一步拓宽。研究的程序上有待于进一步规范和完善。未来研究中，可进一步拓展样本数据的来源，使其来源更加广泛、数据量更为丰富，将更有利于公共部门新员工职业适应力的要素挖掘与水平研判。②囿于能力和时间，本量表在区分效度部分未作有效检验，变量相关性仍有待进一步发掘。③对于公共部门新员工的公共服务动机水平有所考量，但是关注不够，量表的结构维度中宜凸显其在职业适应中的作用力情况。

此外，还可以基于测量问卷，进一步探讨公共部门新员工的职业适应与未来发展水平的研判，指明了一条待深入研究的可行路径，从而也为公共部门新员工的招聘和入职培训等提供易于考察的关键能力和必备品格。

当然，在后疫情时代，人们的生活方式和价值观念都受到了极大的震动和冲击，与人际关系疏冷形成反差的是"考公"热度居高不下，报考人数和单一岗位竞争比等数据屡创新高。从这个意义上说，公共部门新员工职业适应的影响因素分析与评估指标的探讨，仍将持续具有研究价值。

参考文献：

[1] 李志，潘丽霞. 公共部门人力资源管理 [M]. 重庆：重庆大学出版社，2019：9-10.

[2] 苏晓艳. 组织社会化策略、工作嵌入及新员工离职意向研究 [J]. 软科学，2014，28（5）：48- 52.

[3] 严鸣，涂红伟，李骥. 认同理论视角下新员工组织社会化的定义及结构维度 [J]. 心理科学进展，2011，19（5）：624-632.

[4] 胡巧婷，王海江，龙立荣. 新员工工作重塑会带来积极的结果吗？领导成员交换与个体传统性的作用 [J]. 心理学报，2020，52（5）：659-668.

[5] 林崇德，杨治良，黄希庭. 心理学大辞典 [M]. 上海：上海教育出版社，2003.

[6] 周建平. 大学毕业生职业适应性探析 [J]. 高校辅导员学刊，2011（4）：48-51.

[7] 王康. 社会学词典 [M]. 济南：山东人民出版社，1988.

[8] 王益富. 企业员工职业适应能力：测量及影响机制 [D]. 重庆：西南大学，2014.

[9] 吴焰霞，向翠林. "90后" 新员工职业适应性探析 [J]. 江苏科技信息，2017（28）：27-29.

[10] 陈松林，尚从永. 新生代员工人力资本与职业适应能力的关系研究 [J]. 安徽建筑大学学报，2019，27（2）：100-106.

[11] 李兢. 大学生职业适应性现状及培养对策研究 [D]. 重庆：重庆大学，2007.

[12] 何辉，黄月. 组织社会化策略与新员工工作适应研究 [J]. 管理学报，2015，12（10）：1457-1464.

[13] 唐雪梅. 硕士研究生职业适应性研究 [D]. 成都：西南交通大学，2010.

[14] 赵小云，郭成. 国外生涯适应力研究述评 [J]. 心理科学进展，2010，18（9）：1503-1510.

[15] 黄婷婷. 初任公务员职业适应性实证研究 [J]. 湖北文理学院学报，2019，40（10）：44-48.

[16] 孙丽璐，曾飞扬，汪韶源. 大学生社会适应力模型研究——以 "95后" 大学生为例 [J]. 四川理工学院学报（社会科学版），2016，31（1）：20-29.

[17] 王冰玉，郑凯，宋智，等. 某公立医院新入职员工职业适应及影响因素分析 [J]. 医院管理论坛，2019，36（8）：62-66.

[18] 于海波，郑晓明，李永瑞，等. 基于生涯资本理论的大学生可就业性3C模型及其特征 [J]. 教育研究，2013，34（5）：67-74.

[19] 柯江林，孙健敏，李永瑞. 心理资本：本土量表的开发及中西比较 [J]. 心理学报，2009，41（9）：875-888.

[20] 程雪莲，陈宏辉，郑孟育. 中国文化情境下责任型领导的结构维度和量表开发 [J]. 管理学报，2021，18（12）：1780-1789.

[21] 姚琦，马华维，李强. 对新员工入职期望变化的一项纵向研究 [J]. 心理学报，2007（6）：1122-1130.

（本章感谢MPA学生团队的李春林、王雨、靳艺源、张同喆、王祎、张培培、王亚坤、曹菲凡、张娜、程思雨同学在采集资料、整理文稿中的积极贡献）

第四章　愉悦并选择相信？农户主播特征对新生代消费者购买意愿的影响
——感知愉悦和感知信任的中介作用

在乡村振兴背景下，直播助农成为发展乡村产业的重要渠道，对于巩固脱贫攻坚成果具有重要意义。基于刺激—机体—反应理论分析框架，聚焦农户主播，通过对 276 名具有直播购买经历的用户进行问卷调查，探讨了农户主播特征对消费者购买意愿的作用机制，并进一步检验了感知愉悦和感知信任在其中发挥的中介作用。研究表明：①农户主播特征（吸引力、真实性、专业性、互动性）能正向促进消费者购买意愿；②消费者感知信任——在上述过程中均起部分中介作用，感知愉悦——从真实性到购买意愿的传导过程起完全中介作用，另外农户主播其他特征在购买意愿的传导过程中起到部分中介作用。直播助农让农民置身于市场竞争中，也更好地激发了农民的发展潜质。全面分析主播特征并调整改善主播播出效果，利于助力农民大力培育推销产品，激发生产创造热情，为改善直播效果、提高农产品销量、助力乡村振兴提供理论指导。

4.1 农户主播特征对新生代购买意愿影响的研究背景

4.1.1 研究背景与研究总体设计

第 50 次《中国互联网络发展状况统计报告》的数据显示，截至 2022 年 6 月，我国网络直播用户规模达到 7.16 亿，占网民整体的 68.10%，网络直播发展十分迅猛。《2022 年度中国直播电商市场数据报告》也指出，2022 年通过电商直播达成的交易总额达到 35 000 亿元，同比增长 48.21%，更能说明电商直播不断占据国民的消费市场。

由于直播带货前景广阔，学界十分关注主播特征带来的影响。消费行为领域的研究发现主播特征能显著影响消费者心理和行为表现。主播特征对消费者认知和在线行为均存在显著影响。例如，电商主播展现出的意见领袖特征和互动性能正向影响消费者感知功能价值和感知情感价值；电商主播的专业性、互动性、吸引力和知名度会让消费者产生冲动购买意愿，电商主播特征能显著促进消费者的非理性消费行为；电商主播的互动性、专业性和魅力性能正向影响消费者感知质量、负向影响其感知风险；农民主播的朴实感、专业性和互动性也能正向影响消费者的感知信任；农民主播通过自身的真实感、共情感能促使消费者产生购买农产品的意愿。

当前关于电商主播特征的研究集中在网红带货主播领域，较少关注以出售绿色农副产品为主的农户主播。事实上，在乡村振兴战略的影响下，农户电商业务发展迅猛。在国家政策方面，国家重视直播助农的发展，出台《中共中央 国务院关于实现巩固拓展脱贫攻坚成果同乡村振兴有效衔接的意见》，强调要大力支持农产品流通企业、电商、批发市场与区域特色产业的精准对接。在商业运营方面，抖音等互联网平台加大力度扶持农产品直播的发展，开展"新农人计划"等培养新型农民主播；阿里巴巴等电商平台也为农户直播提供流量支持，取得了可观的销售成果。随着农户直播规模不断扩大，2022 年涉农类的电商平台已超过 4000 个，农产品网络零售额已达 5313.8 亿元。由此可见，农户直播带货的方式显著地推动了农产品的销售。

本研究基于能够解释个体行为决策的刺激—机体—反应理论（Stimuli-Organism-Response，SOR），探究农户主播特征如何影响消费者购买意愿，以及挖掘提升农产品直播效果的方法。SOR 理论中的 S 代表外界环境中能影响个体认知意识及情绪过程的驱动力，O 代表有情绪与认知的有机体，R 代表所产生的心理活动、态度或行为反应。根据 SOR 理论，农户主播特征作为消费者作出购买决策前的外在刺激（S），可将其细分为吸引力、真实性、专业性与互动性，将消费者的感知愉悦、感知信任作为消费者的情绪认知（O），将消费者的购买意愿作为反应变量（R），从而建立理论模型，探讨农户主播特征对消费者购买意愿的驱动机制，模型如图 4-1 所示。

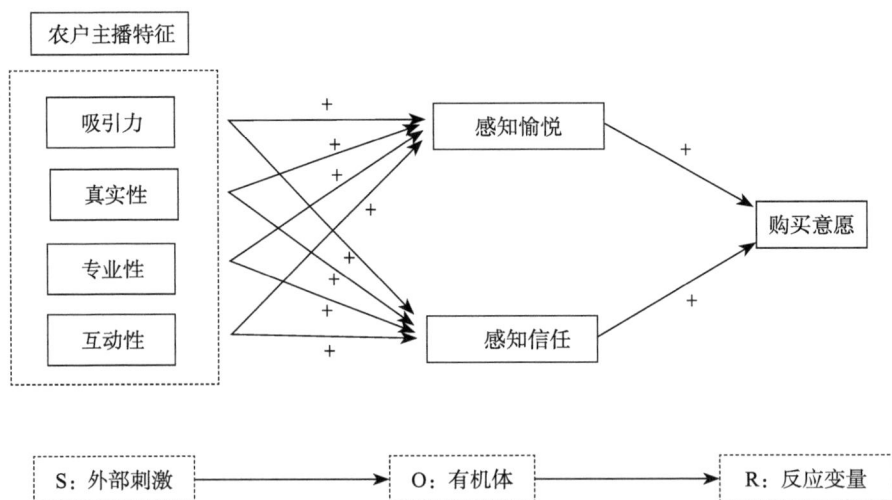

图 4-1　研究模型

综上所述，本研究拟通过实证分析，基于 SOR 理论，从感知愉悦和感知信任探讨农户主播特征对消费者购买意愿的影响，构建农户主播特征影响消费者购买意愿的中介模型。依据实证分析结果，为农户主播特征的选取提升、农产品销售效果的改善提供建议。

4.1.2 理论基础

SOR 理论主要用来解释外界刺激对个体行为的作用，在接受外界环境刺激（S）时，个体的情绪与认知（O）会受到影响，并作出更加符合理性的行为决策（R）。近年来，该理论被广泛用于网络购物环境中顾客购买意向形成机理的研究。在消费领域，外部的环境刺激包含影响消费者心理状态的环境要素，如消费环境、导购员、信息技术等，内部情绪与认知涉及消费者的评价感受，反应表示的是消费者对产品购买作出的决策行为。例如，消费者在购物过程中，消费环境、主播特质、促销活动等外部刺激能够使消费者产生感知愉悦、感知价值、感知风险等诸多感受，从而进一步影响消费者购买意愿及行为。由此可见，SOR 模型解释了消费者购买意愿与行为产生的原因，为本研究探究农户主播特征刺激消费者感知，从而影响其购买意愿的路径提供理论支持。

4.2 理论基础与假设推导

4.2.1 农户主播特征与消费者购买意愿

在直播环境中，电商主播特征反映出主播的专业能力和社交属性，进而引导消费者的购买行为。目前电商主播特征的定义并未统一，现有研究采用不同方法对其进行概括。例如，基于扎根理论方法，刘忠宇等将网红特性分为专业性、互动性、相似性和信任性；刘凤军等通过定性和定量结合的方式，认为网红具有专业性、吸引力、真实性及互动性。本研究结合前期访谈和现有研究成果，将农户主播特征划分为吸引力、真实性、专业性和互动性，以此来表征农户主播在直播过程中展现出的特点。吸引力通常通过外貌、身材等外在形象和素质、能力等内在特征表现出来，如外形精致、技艺高超等；真实性是指直播时主播言行举止体现出的被人依赖的程度；专业性是指电商主播对产品和服务的熟悉程度及专业知识的储备；互动性指的是消费者和信息源能通过浏览、搜索或反馈等手段建立信息连接并互相交流和交换信息，形成情感联结。

已有研究对电商主播特征的影响作用进行讨论，例如，网红主播特征越突出，越能促进消费者产生购买意愿，越会激发受众打赏意愿。购买意愿是消费者意愿取决于特定购买行为的概率高低，直播购物情境下单指的是消费者因电商主播的推荐引导产生的下单意愿。结合电商购物情境，学界主要从意见领袖、消费环境、消费者感知方面讨论消费者产生购买意愿的影响因素，例如，信息源特性、消费者感知、口碑评价等。

根据 SOR 理论，消费者接收到外界环境的积极刺激后，会增强其购买相关产品的意愿。当农户主播展现出技艺高超、谈吐幽默等特征，即具备较高的吸引力时，能够很好地增加观众的注意力，消费者对直播产品的关注度和求知欲也会随之提高，从而产生积极的购买心理；当农户主播在直播间从不同角度向消费者展示产品，即具备真实性时，消费者会有直观且真实的感受，临场感增强，对接收到的信息进行加工分析处理后更愿意接受和跟随主播，从而增强购买产品的意愿；当农户主播通过向消费者提供产品全面有益的信息，如介绍产品成长栽培过程、精准表达产品口味、提供产品保藏建议等，具备更高的专业性时，会让消费者认为接收到的讲解信息有效，购买欲望也随之增强；同时，农户主播通过实时与消费者的互动，具备较高的直播互动性时，也会增强农户的沉浸感，让消费者对产品信息有进一步的认识，从而促进消费者产生购买意愿。综上所述，本研究提出以下假设：

H1a：农户主播个体的吸引力对消费者购买意愿有正向影响。

H1b：农户主播展示产品的真实性对消费者购买意愿有正向影响。

H1c：农户主播展示产品的专业性对消费者购买意愿有正向影响。

H1d：农户主播与消费者的互动性对消费者购买意愿有正向影响。

4.2.2　感知信任的中介作用

在消费领域，感知信任是一种在依赖他人或某些事物的基础上产生的安全稳定的感受，是一种复杂的内在心理活动，会通过大脑控制消费者的意向和行为。学界对感知信任的研究十分广泛，在心理学、社会学、管理学、营销学等多个领域均有关注。在消费场景中，感知信任会受到信任客体特质的影响，也会受到消费者感知的影响。例如，信任客体的动机、消费者的感知质量和感知可靠性等都会对消费者感知信任产生影响。因此，在营销情境中，消费者接收到的信息源越可靠，越能形成对产品或信任客体的认可度，激发感知信任。

基于 SOR 理论，感知信任是消费者在受到主播及其推荐产品的刺激后产生的信任感，而农户主播特征是提供这一刺激的外部环境。当农户主播能够吸引消费者注意，具备较高的吸引力时，消费者对主播的心理认可会提高，从而提升其对主播本人及产品的信任度；当农户主播直播带货时，会避免传统网页购物过度美化的缺陷，以全面的视角向消费者展示产品信息，具备更高的真实性，避免了因信息差产生的风险，消费者也会因此更加倾向于对主播的信任和依赖；农户主播通常对自身种植养护的农副产品有专业的食用或使用经验，当其向消费者进行细致的介绍时，会让消费者感知到更高的专业性，消费者会更快地了解产品的细节信息，从而促进其产生感知信任；农户主播与消费者的频繁互动能够使消费者形成获得及时回馈的心理感受，能够使其对产品信息有进一步的认识，降低消费者的担忧，增强他们的感知信任。综上所述，本章提出以下假设：

H2a：农户主播的吸引力对消费者感知信任有正向影响。

H2b：农户主播展示产品的真实性对消费者感知信任有正向影响。

H2c：农户主播展示产品的专业性对消费者感知信任有正向影响。

H2d：农户主播与消费者的互动性对消费者感知信任有正向影响。

感知信任能引导个体作出决策，产生积极效应，如促进消费者产生购买意愿，增强消费者黏性等。基于 SOR 理论，本研究认为，消费者感知信任能够促进其产生购买意愿。当消费者对农户主播及其在直播过程中所推荐的产品足够依赖，即产生感知信任时，会减少不确定性、降低风险感知，在经过系列信息加工处理后作出反应，提高购买决策概率。由此，本章提出以下假设：

H3：消费者感知信任正向影响消费者购买意愿。

结合假设 H2 和假设 H3，本研究认为，消费者感知信任在农户主播特征（吸引力、真实性、专业性、互动性）和消费者购买意愿之间起中介作用。主播的吸引力在视觉、听觉等感官方面吸引消费者，真实性则向受众呈现产品细节及详细信息，主播的专业耐心解释还能降低消费者的感知风险。通过交互，主播能更好地与消费者沟通交流，建立情感联系。多重刺激使消费者全面了解产品信息，减少获取信息的时间，降低消费者对其感知到的风险，进而产生信任感、依赖感，并在此基础上产生购买产品的意愿。综上，本章提出以下假设：

H4：消费者感知信任在农户主播特征（吸引力、真实性、专业性、互动性）和消费者购买意愿之间起到中介作用。

4.2.3 感知愉悦的中介作用

感知愉悦是一种精神上的满足，是用户采用信息技术的内在情感因素。在消费领域，感知愉悦会受到虚拟环境、媒介的社交性的影响。学界对感知愉悦的研究十分广泛，它不仅是用户技术采纳的重要因素，如使用 word 程序意愿、对移动支付服务的采纳意愿，也是消费者购买意愿的重要影响因素，如促进消费者产生冲动购买意愿等。这足以说明，积极的情绪能够促进个体作出更加积极的行为决策。

基于 SOR 理论，感知愉悦是消费者在接收到农户主播刺激后产生的愉快的、温暖的感受，农户主播特征为这一感受提供了外界刺激。具体而言，当农户主播具备较高的吸引力时，能够更好地与观看直播的用户建立良好的人际关系，从而提升其对主播本人及产品的愉悦感；当农户主播通过直播平台直观展示产品信息，有实景依据且讲解细致，展现出很高的真实性时，他表现出的真诚感会让消费者将其积极评价转移到农产品上，会让消费者在心理上感到愉快；当农户主播在对推销产品进行细致介绍，会让消费者感知到主播的专业性，从而降低了消费者对产品品质判断和理解的时间及费用，让其更方便地获取农副产品的相关信息，进而产生一种愉悦感；农户主播通过与消费者实时互动，形成情感联结，让用户产生暂时性忘却烦恼，促使消费者产生直接积极的愉悦情绪。综上所述，本章提出以下假设：

H5a：农户主播的吸引力对消费者感知愉悦有正向影响。

H5b：农户主播展示产品的真实性对消费者感知愉悦有正向影响。

H5c：农户主播展示产品的专业性对消费者感知愉悦有正向影响。

H5d：农户主播与消费者的互动性对消费者感知愉悦有正向影响。

感知愉悦是消费者精神层面的满足。基于 SOR 理论，本研究认为，消费者的感知愉悦会对其购买意愿产生正向影响。消费者如果感受不到充分愉悦的情绪，购物行为及下单概率往往会降低。当消费者产生积极的情感后，为了更好地保持这一情感，会提高自身观看直播的时长和购买概率，作出购买决策。所以，直播时可以让消费者开心，那么消费者购买意愿就会提高。由此，本章提出以下假设：

H6：消费者感知愉悦正向影响消费者购买意愿。

结合假设 H5 和假设 H6，本研究认为，消费者感知愉悦在农户主播特征（吸引力、真实性、专业性、互动性）和消费者购买意愿间起到中介作用。事实上，直播购物是一种让消费者感觉到乐趣的途径。消费者在接收到直播间农户主播传递的信息刺激后，会感受到直播的生动有趣。主播也通过双向的实时互动将其生活状况、产品信息等分享给消费者，反映出了很强的互动性、真实性和专业性，消费者也因此享受到了直播购物带来的乐趣。多重刺激使消费者获得愉悦感受。当消费者愉悦感占主导地位后，其购买意愿就会进一步增强。综上，本章提出以下假设：

H7：消费者感知愉悦在农户主播特征（吸引力、真实性、专业性、互动性）和消费者购买意愿间起到中介作用。

4.3 研究设计与数据分析

4.3.1 样本与程序

本研究采取线上收集数据的方式，对在抖音直播平台上购买过农产品的消费者进行问卷调查。研究者通过网络发放问卷，样本主要来自北京、湖北和安徽。在开展调查之前，明确告知受访者研究目的、调研形式、数据用途，随后要求被试填写"您是否有过直播平台购买农产品的经历"前测问题，完成初步筛选。符合要求的被试将填写有关农户主播特征、感知愉悦、感知信任、消费意愿和人口统计学信息的相关题项。调查结束后，被试会随机收到一个红包作为奖励。本研究设置了一道注意力检测题项，发放问卷并回收了312份，剔除未通过注意力检测和未完整填写的问卷后保留276份有效问卷，有效回收率为88.5%。

样本的人口统计数据见表4-1。从调查对象的性别构成来看，男性65人（23.6%），女性211人（76.4%）；从调查对象年龄构成来看，30岁以下147人（53.3%）、30～39岁29人（10.5%）、40～49岁61人（22.1%）、50岁以上39人（14.1%）；从调查对象的文化程度来看，学历以本科及本科以上为主（76.4%）；此外，结合前期访谈和已有研究成果（许悦等，2021），本研究重点调查了消费者电商直播购买农产品的频率。结果显示，被试每月购买1～3次的为209人（75.7%），每月购买4～6次的为35人（12.7%），每月购买7～9次的为11人（4.0%），每月购买10次以上的为21人（7.6%）。

表 4-1 样本人口特性统计 ($N = 276$)

统计变量	选项	数量 / 人	占比 / %
性别	男	65	23.6
	女	211	76.4
受教育程度	高中及以下	37	13.4
	大专	28	10.1
	本科	169	61.2
	硕士及以上	42	15.2
年龄	30 岁以下	147	53.3
	30 ～ 39 岁	29	10.5
	40 ～ 49 岁	61	22.1
	50 岁以上	39	14.1
购买频次	1 ～ 3 次 / 月	209	75.7
	4 ～ 6 次 / 月	35	12.7
	7 ～ 9 次 / 月	11	4.0
	10 次及以上 / 月	21	7.6

4.3.2 变量测量

为了确保研究工具的信效度，本次调查问卷使用了国内外权威期刊上发表的成熟量表进行调查，并经过翻译–回译程序以保证题项内容表达的准确性。在此基础上，结合农户直播环境对个别题项的表述进行了调整。除控制变量外，其余变量都使用 Likert 5 点量表法进行评分（1 = 非常不同意，5 = 非常同意）。

农户主播特征：改编自 Ohanian 编制的主播特征量表，共 13 个题项。该量表把主播特征划分为吸引力、真实性、专业性、互动性 4 个维度。本研究吸引力有 4 个题项，其中代表题项是"您之所以关注该农户主播是认为他（她）很有魅力"，Cronbach'α 系数为 0.71；真实性共有 3 个题项，代表题项为"您观看的农户主播会从多个角度对该商品进行展示"，Cronbach'α 系数为 0.82；专业性共有 4 个题项，代表题项为"您认为您所观看的农户主播具有很专业的知识技能"，Cronbach'α 系数为 0.77；互动性共有 3 个题项，代表题项为"您认为农户主播会以新颖、出乎意料的方式为消费者示范农副产品功能及用途"，Cronbach'α 系数为 0.81。

消费者感知信任：改编自 Chang 等编制的量表，共 3 个题项。代表题项为"如果购买的农副产品出现问题，您相信农户商家会尽力解决"。该量表在本研究中的 Cronbach'α 系数为 0.79。

消费者感知愉悦：改编自 Shen 编制的量表，共 3 个题项。代表题项为"农户主播直播时的言谈可以使您感到愉悦"。在本研究中，量表的 Cronbach'α 系数为 0.86。

消费者购买意愿：改编自许悦修订的量表，共 4 个题项。代表题项为"将来您通过直播购买农产品的可能性是很高的"。在本研究中，量表的 Cronbach'α 系数为 0.88。

4.3.3　共同方法偏差与验证性因子分析检验

4.3.3.1　共同方法偏差

尽管本研究采用一些方法（如指导语强调匿名填写）来减少同源误差的影响，但仍可能存在共同方法偏差问题。因此，本研究采用 Harman 单因子方法进行检验。在未旋转状态下一共提取出 5 个特征值大于 1 的因子，第一个因子的解释变异量为 41.303%，小于 50%，未旋转得到的单因子解释变异量不超过 50%，则共同方法偏差不严重。因此，在统计学角度内，本研究不存在严重的共同方法偏差问题。

4.3.3.2　验证性因子分析

由于本研究关注被测变量间的区分度，且各变量包含较多条目，因此选择将变量进行打包处理。数据打包后，采用 Mplus 7.4 进行验证性因子分析。由表4-2可知，七因子模型拟合优度结果最佳（$\chi^2/df = 2.496$；$CFI = 0.897$；$TLI = 0.878$；$RMSEA = 0.074$；$SRMR = 0.056$），且显著优于其他6个模型。由此说明，本研究所测量的7个变量区分效度较好。

表 4-2　验证性因子分析结果（$N = 276$）

模型	χ^2	df	χ^2/df	CFI	TLI	RMSEA	SRMR
七因子模型 （XY; ZS; ZY; HD; XR; GZ; YY）	634.095	254	2.496	0.897	0.878	0.074	0.056
六因子模型 （XY; ZS+ZY; HD; XR; GZ; Y Y）	809.340	260	3.113	0.851	0.828	0.087	0.069
五因子模型 （XY+ZS+ZY; HD; XR; GZ; YY）	903.281	265	3.408	0.827	0.804	0.093	0.068
四因子模型 （XY+ZS+ZY+HD; XR; GZ; YY）	984.734	269	3.661	0.806	0.784	0.098	0.071
三因子模型 （XY+ZS+ZY+HD; XR+GZ; YY）	1023.896	272	3.764	0.797	0.776	0.100	0.072
双因子模型 （XY+ZS+ZY+HD+XR+GZ; YY）	1125.952	274	4.109	0.769	0.748	0.106	0.076
单因子模型 （XY+ZS+ZY+HD+XR+GZ+YY）	1359.718	275	4.944	0.706	0.680	0.120	0.082

注：$N = 276$，XY 为吸引力，ZS 为真实性，ZY 为专业性，HD 为互动性，XR 为感知信任，GZ 为感知愉悦，YY 为购买意愿。

4.3.4　描述性分析与假设检验

4.3.4.1　描述性统计分析

表4-3呈现出本研究涉及的变量均值、标准差及相关系数，可以看出：吸引力与感知信任（$r = 0.417$，$p < 0.01$）、感知愉悦（$r = 0.475$，$p < 0.01$）、购买意愿（$r = 0.454$，$p < 0.01$）呈显著正相关，真实性与感知信任（$r = 0.453$，$p < 0.01$）、感知愉悦（$r = 0.553$，$p < 0.01$）、购买意愿（$r = 0.435$，$p < 0.01$）呈显著正相关，专业性与感

知信任（$r = 0.524$，$p < 0.01$）、感知愉悦（$r = 0.635$，$p < 0.01$）、购买意愿（$r = 0.434$，$p < 0.01$）呈显著正相关，互动性与感知信任（$r = 0.581$，$p < 0.01$）、感知愉悦（$r = 0.646$，$p < 0.01$）、购买意愿（$r = 0.575$，$p < 0.01$）同样呈正相关；感知愉悦与购买意愿（$r = 0.607$，$p < 0.01$）、感知信任与购买意愿（$r = 0.596$，$p < 0.01$）呈显著正相关，假设得到了初步证实。

4.3.4.2　假设检验

假设 H1 提出农户主播特征与消费者购买意愿呈正相关关系。由表 4-5 中 M10、M13、M16 和 M19 可知，农户主播吸引力（$\beta = 0.456$，$p < 0.01$）、真实性（$\beta = 0.444$，$p < 0.01$）、专业性（$\beta = 0.433$，$p < 0.01$）、互动性（$\beta = 0.572$，$p < 0.01$）能对消费者购买意愿产生显著正向影响，假设 H1a、H1b、H1c、H1d 成立。

假设 H2 提出农户主播特征与消费者感知信任呈正相关关系。由表 4-4 中 M1、M2、M3 和 M4 可知，农户主播吸引力（$\beta = 0.423$，$p < 0.01$）、真实性（$\beta = 0.528$，$p < 0.01$）、专业性（$\beta = 0.452$，$p < 0.01$）、互动性（$\beta = 0.579$，$p < 0.01$）能对消费者的感知信任产生显著正向影响，假设 H2a、H2b、H2c、H2d 成立。假设 3 提出消费者感知信任与其购买意愿呈正相关关系，由表 4-5 中 M22 可知，消费者感知信任对其购买意愿（$\beta = 0.588$，$p < 0.01$）有显著正向影响，假设 H3 成立。由表 4-5 可知，在农户主播特征（吸引力、真实性、专业性、互动性）的基础上加入感知信任变量后，农户主播特征对消费者购买意愿的影响仍显著（$\beta = 0.253$，$p < 0.01$；$\beta = 0.186$，$p < 0.01$；$\beta = 0.212$，$p < 0.01$；$\beta = 0.346$，$p < 0.01$），这说明感知信任在农户主播特征与消费者购买意愿间起到部分中介作用。因此，假设 H4 成立。

表 4-3　变量描述性统计分析结果 （N = 276）

变量	均值	标准差	1	2	3	4	5	6	7	8	9	10
1 性别	1.76	0.43										
2 年龄	1.97	1.15	-0.297**									
3 受教育程度	2.79	0.86	0.151*	-0.386**								
4 购买频率	1.43	0.89	-0.116	0.137*	-0.031							
5 吸引力	3.23	0.82	-0.067	-0.015	-0.023	0.120*						
6 专业性	3.65	0.80	-0.011	0.004	-0.003	0.015	0.574**					
7 真实性	4.03	0.75	0.020	-0.079	-0.021	0.032	0.266**	0.508**				
8 互动性	3.70	0.74	-0.039	0.059	-0.073	0.167**	0.436**	0.513**	0.609**			
9 感知信任	3.76	0.83	0.004	0.081	-0.118	0.080	0.417**	0.453**	0.524**	0.581**		
10 感知愉悦	3.87	0.78	0.052	-0.015	-0.021	0.087	0.475**	0.553**	0.635**	0.646**	0.703**	
11 购买意愿	3.53	0.93	-0.086	0.139*	-0.114	0.079	0.454**	0.435**	0.434**	0.575**	0.596**	0.607**

注：N=276，*、** 分别表示在 0.05、0.01 水平下显著。

假设 H5 提出农户主播特征与消费者感知愉悦呈正相关关系。由表 4-4 中 M5、M6、M7 和 M8 可知，农户主播吸引力（$\beta = 0.477$，$p < 0.01$）、真实性（$\beta = 0.635$，$p < 0.01$）、专业性（$\beta = 0.552$，$p < 0.01$）、互动性（$\beta = 0.652$，$p < 0.01$）能对消费者的感知愉悦产生显著正向影响，假设 H5a、H5b、H5c、H5d 成立。假设 H6 提出消费者感知愉悦与其购买意愿呈正相关关系，由表 4-5 中 M23 可知，消费者感知愉悦对其购买意愿（$\beta = 0.611$，$p < 0.01$）有显著正向影响。由表 4-5 可知，在农户主播特征（吸引力、真实性、专业性、互动性）的基础上加入感知愉悦变量后，农户主播特征中的吸引力、专业性、互动性对消费者购买意愿的影响仍显著（$\beta = 0.213$，$p < 0.01$；$\beta = 0.139$，$p < 0.01$；$\beta = 0.297$，$p < 0.01$），但真实性对消费者购买意愿的影响不显著（$\beta = 0.094$，$p > 0.05$），这说明感知愉悦在农户主播吸引力、专业性、互动性与消费者购买意愿间起到部分中介作用，在农户主播真实性与消费者购买意愿间起到完全中介作用。因此，假设 H7 成立。

本研究还使用了 Hayes（2013）开发的 SPSS 宏插件 Process v3.3 中的 Model 4 进一步检验中介效应，运用 Bootstrap 法进行了 5000 次随机放回抽样。由表 4-6 可知，农户主播吸引力通过消费者感知信任影响其购买意愿的间接效应值为 28%，95% 的置信区间为 ［0.201，0.357］，不包括 0；农户主播真实性通过消费者感知信任影响其购买意愿的间接效应值为 43%，95% 的置信区间为 ［0.311，0.563］，不包括 0；农户主播专业性通过消费者感知信任影响其购买意愿的间接效应值为 26%，95% 的置信区间为 ［0.178，0.350］，不包括 0；农户主播互动性通过消费者感知信任影响其购买意愿的间接效应值为 29%，95% 的置信区间为 ［0.178，0.400］，不包括 0，进一步验证了假设 H4。

表 4-4 农户主播特征、消费者感知信任与消费者感知愉悦层级回归结果（N＝276）

变量	感知信任				感知愉悦			
	M1	M2	M3	M4	M5	M6	M7	M8
控制变量								
性别	0.070	0.040	0.045	0.046	0.094	0.060	0.067	0.067
年龄	0.061	0.099	0.043	0.037	-0.003	0.044	-0.023	-0.031
受教育程度	-0.114	-0.072	-0.104	-0.069	-0.046	0.003	-0.035	0.004
购买频率	0.026	0.052	0.069	-0.019	0.050	0.068	0.089	-0.010
自变量								
吸引力	0.423***				0.477***			
真实性		0.528***				0.635***		
专业性			0.452***				0.552***	
互动性				0.579***				0.652***
R^2	0.197	0.297	0.226	0.346	0.236	0.412	0.318	0.424
ΔR^2	0.182	0.284	0.211	0.334	0.222	0.401	0.305	0.414
F	13.246***	22.852***	15.751***	28.590***	16.698***	37.764***	25.145***	39.790***

注：*、** 分别表示在 0.05、0.01 水平下显著。

表 4-5　农户主播特征与购买意愿层级回归结果 (N = 276)

变量	购买意愿														
	M9	M10	M11	M12	M13	M14	M15	M16	M17	M18	M19	M20	M21	M22	M23
控制变量															
性别	-0.041	-0.010	-0.043	-0.058	-0.042	-0.061	-0.075	-0.037	-0.059	-0.072	-0.036	-0.054	-0.064	-0.065	-0.078
年龄	0.091	0.111	0.082	0.113	0.139	0.090	0.114	0.092	0.071	0.104	0.085	0.071	0.098	0.066	0.106
受教育程度	-0.071	-0.080	-0.025	-0.056	-0.043	-0.008	-0.045	-0.070	-0.019	-0.051	-0.035	-0.008	-0.037	-0.009	-0.048
购买频率	0.060	0.006	-0.007	-0.015	0.040	0.014	0.002	0.053	0.019	0.006	-0.034	-0.026	-0.030	0.015	0.001
自变量															
吸引力		0.456^{***}	0.253^{***}	0.213^{***}											
真实性					0.444^{***}	0.186^{**}	0.094								
专业性								0.433^{**}	0.212^{**}	0.139^{**}					
互动性											0.572^{**}	0.346^{**}	0.297^{**}		
中介变量															
感知信任			0.481^{***}			0.489^{**}			0.490^{**}			0.390^{**}		0.588^{**}	
感知愉悦				0.510^{***}			0.552^{**}			0.534^{**}			0.422^{**}		0.611^{**}
R^2	0.029	0.233	0.419	0.432	0.224	0.392	0.403	0.217	0.403	0.411	0.345	0.444	0.447	0.367	0.398
ΔR^2	0.029	0.204	0.186	0.199	0.195	0.168	0.179	0.188	0.186	0.194	0.316	0.100	0.102	0.338	0.369
F	2.012	16.406^{***}	32.303^{***}	34.101^{***}	15.564^{***}	28.874^{***}	30.248^{***}	14.939^{***}	30.238^{***}	31.286^{***}	28.435^{***}	35.874^{***}	36.289^{***}	31.332^{***}	35.658^{***}

注：*、** 分别表示在 0.05、0.01 水平下显著。

农户主播吸引力通过消费者感知愉悦影响其购买意愿的间接效应值为23%，95%的置信区间为［0.154，0.313］，不包括0；农户主播真实性通过消费者感知愉悦影响其购买意愿的间接效应值为32%，95%的置信区间为［0.216，0.436］，不包括0；农户主播专业性通过消费者感知愉悦影响其购买意愿的间接效应值为26%，95%的置信区间为［0.172，0.342］，不包括0；农户主播互动性通过消费者感知愉悦影响其购买意愿的间接效应值为35%，95%的置信区间为［0.235，0.474］，不包括0，进一步验证了假设H7。

表4-6　中介效应检验（$N=276$）

	总效应	间接效应	BootLLCI	BootULCI
吸引力–感知愉悦–购买意愿	0.519	0.231	0.154	0.313
吸引力–感知信任–购买意愿	0.519	0.277	0.201	0.357
真实性–感知愉悦–购买意愿	0.548	0.319	0.216	0.436
真实性–感知信任–购买意愿	0.548	0.433	0.311	0.563
专业性–感知愉悦–购买意愿	0.504	0.257	0.172	0.342
专业性–感知信任–购买意愿	0.504	0.257	0.178	0.350
互动性–感知愉悦–购买意愿	0.721	0.347	0.235	0.474
互动性–感知信任–购买意愿	0.721	0.285	0.178	0.400

4.4　研究结论与讨论

4.4.1　研究结论

本章主要关注农户主播特征（吸引力、真实性、专业性、互动性）对消费者购买意愿的作用。研究发现，基于SOR理论，农户主播特征（吸引力、真实性、专业性、互动性）对消费者的购买意愿具有显著的正向影响，当农户主播特征表现得更明显时，消费者的购买意愿会随之提升；感知信任和感知愉悦在农户主播特征与消费者购买意愿的关系中发挥中介作用，具体而言，消费者感知信任在农户主播特征对消费者购买意愿的传导过程均起部分中介作用，感知愉悦除真实性对购买意愿的传导过程起完全中介作用外，农户主播的吸引力、专业性、互动性对购买意愿的传导过程起到部分中介作用。

4.4.2　理论意义与实践意义

理论意义：第一，本章以乡村振兴战略为研究背景，聚焦农户主播特征进行研究，拓展了电商主播特征的研究范围。过去关于电商直播的研究多集中在网红类主播的特征、电商直播发展过程及产品营销效果等，但对新兴农户主播的自身特征，例如吸引力、专业性等的关注度较少，更多关注农产品的销售渠道。本研究从农户主播自身出发，以其特征为研究对象，验证了其吸引力、真实性、专业性和互动性能够正向影响消费者购买意愿，是对农产品销售研究领域的又一补充。

第二，本章从消费者感知愉悦和感知信任等方面分析研究了消费者观看农户直播的心理状态，更深层次地挖掘了农户主播特征和消费者购买意愿间的影响机制，拓宽了购买意愿的前因研究。目前，学界对消费行为的关注度很高，有许多探讨消费者感知与其购买意愿间关系的研究，如消费者的感知质量、感知风险、感知价值等。本章从消费者的感知信任和感知愉悦角度出发，对消费者观看直播时的状态和反应进行了分析，为研究消费者购买意愿的影响提供了新的视角。

第三，本章通过 SOR 理论对消费者行为反应进行了诠释，进一步丰富了 SOR 理论的研究成果。在消费领域，SOR 理论已经得到了广泛的应用。本研究通过实证分析，发现农户主播特征作为外部刺激，也能够很好地影响消费者感知，促使其产生购买意愿，更能说明

SOR 理论解释消费者行为的适用性。

实践意义：第一，通过增强主页吸引力、丰富短视频内容、突出自身形象提升农户主播吸引力。农户主播不同于网红颜值主播，在突出农民特色的同时，更需要有其他提升吸引力的渠道：主播主页和短视频封面是给消费者留下第一印象的页面，因此主播可考虑以短视频为宣传媒介对直播间进行推广。农户主播可选用有吸引力的短视频封面并辅以文字介绍，具体内容可以涉及家乡风土人情、农产品的生产食用方式，也可以结合个人特色，参与热度高的时事话题，从而增强消费者对主播关注的兴趣，增加消费者黏性。

第二，丰富产品讲解方式，全方位展现产品特色，提升农户主播真实性。农户主播在直播过程中可以通过增加情感加工的感官描述，以味觉、嗅觉甚至触觉等表述详尽、准确地介绍所出售农产品的特征、口感，让消费者直观了解农产品的详细信息，激发消费者感知。此外，还可以通过介绍农产品适宜的食用方法、展示烹饪过程吸引消费者，以更好地激发消费者的购买意愿。

第三，加大宣传力度，定期直播预告，不断提升农户主播专业性。为获取更稳定的直播观众和消费者群体，农户主播可考虑在相对固定的时间进行直播或采用多种形式进行预告，使有购买意愿的消费者能够及时关注直播信息，便捷地购买农产品。

第四，积极回应消费者需求，增强交互仪式感，提升农户主播与消费者的互动性。主播在直播时应主动向消费者输出内容、及时回应弹幕，努力拓宽沟通渠道，突出自己的同时提高消费者参与度，增强消费者对自己的信任。此外，还可增设反馈活动。如给消费者提供反馈平台，让消费者讲述自己的购买体验，这不仅能增强新顾客对产品的信任，还能够增强用户黏性。

总之，直播助农将农民和农业发展紧密联系了起来，对农民的潜质进行了重新挖掘。它让农民置身于市场竞争中，借此激发他们的生产和创造热情。越来越多的农民开始认可直播助农这一模式，遵守市场规则，着力培育推销产品，增加收入，助力乡村振兴。

4.4.3　研究不足与展望

本研究以农户主播为主要视角，研究了农户主播特征对消费者购买意愿的影响机制，但仍存在一定的局限性。第一，本研究的调查对象主要来自北京、湖北和安徽，存在一定的外部效度问题，未来的研究可以进一步扩大调研范围。第二，本研究主要对消费者的感知进行研究，对直播过程中的其他因素未加以控制和探究。本章基于 SOR 模型，探讨了农户主播特征对消费者购买意愿影响的内在机制。但直播过程中，农产品外观、直播间布置、消费者自身等方面也会影响消费者的购买意愿，这些因素值得探讨。第三，尽管本研究探讨了感知愉悦和感知信任的中介作用，但消费者的心理感知丰富，还未被全面研究。因此，未来研究可以继续探讨其他中介变量，如感知风险、权力感、效能感等。第四，本研究并未充分考虑主播直播过程中是否存在调节其特征与消费者感知及消费者购买意愿的条件，例如卷入度、直播环境、产品类型等，未来研究可以引入相关变量解释主播特征与消费意愿之间的边界条件，从而为激发农户主播潜力、改善直播效果提供更多的思路。

参考文献：

［1］陈志远，崔玲玉. 电商主播特征与非理性消费行为关系实证分析［J］. 商业经济研究，2023（4）：81-84.

［2］孙凯，刘鲁川，刘承林. 情感视角下直播电商消费者冲动性购买意愿［J］. 中国流通经济，2022，36（1）：33-42.

［3］魏剑锋，李孟娜，刘保平. 电商直播中主播特性对消费者冲动购买意愿的影响［J］. 中国流通经济，2022，36（4）：32-42.

［4］赵大伟，冯家欣. 电商主播关键意见领袖特性对消费者购买的影响研究［J］. 商业研究，2021（4）：1-9.

［5］耿芳，李晋静，杨玉琴，等. 电商直播特征及情境因素对顾客购买意愿的影响研究——感知价值的中介作用［J］. 湖北经济学院学报（人文社会科学版），2021，18（11）：53-57.

［6］袁宇阳，张文明. 社会资本视角下乡村直播带货的困境及其破解［J］. 中国流通经济，2021，35（10）：74-81.

［7］蓝新波，赵建保，李冬睿. 直播电商平台推动农产品销售升级及促农增收效果研究［J］. 中国商论，2023（14）：45-48.

［8］MEHRABIAN A，RUSSELL J A. An approach to environmental psychology［M］. MA：The MIT Press，1974.

［9］JACOBY J. Stimulus-organism-response reconsidered：An evolutionary step in modeling（consumer）behavior［J］. Journal of Consumer Psychology，2002，12（1）：51-57.

［10］XU Y，YE Y. Who watches live streaming in China？Examining viewers' behaviors，personality traits，and motivations［J］. Fronters in Psychology，2020（11）：1607-1607.

［11］刘凤军，段珅，孟陆，等. 瑕不掩瑜？在线产品评论负面评语的明亮面——基于双边信息视角研究［J］. 管理工程学报，2021，35（5）：89-101.

［12］黄仕靖，许缪. 基于SOR理论的移动电商网络直播对用户在线购买意愿的影响机制研究［J］. 统计与管理，2021，36（7）：122-128.

［13］赵保国，王耘丰. 电商主播特征对消费者购买意愿的影响［J］. 商业研究，2021（1）：1-6.

［14］张伟，杨婷，张武康. 移动购物情境因素对冲动性购买意愿的影响机制研究［J］. 管理评论，2020，32（2）：174-183.

［15］张宝生，张庆普，赵辰光. 电商直播模式下网络直播特征对消费者购买意愿的影响——消费者感知的中介作用［J］. 中国流通经济，2021，35（6）：52-61.

［16］许悦，郑富元，陈卫平. 技术可供性和主播特征对消费者农产品购买意愿的影响［J］. 农村经济，2021（11）：104-113.

［17］张应语，张梦佳，王强，等. 基于感知收益－感知风险框架的 O2O 模式下生鲜农产品购买意愿研究［J］. 中国软科学，2015（6）：128-138.

［18］HUANG L T. Flow and social capital theory in online impulse buying［J］. Journal of Business Research，2016，69（6）：2277-2283.

［19］刘忠宇，赵向豪，龙蔚. 网红直播带货下消费者购买意愿的形成机制——基于扎根理论的分析［J］. 中国流通经济，2020，34（8）：48-57.

［20］刘凤军，孟陆，陈斯允，等. 网红直播对消费者购买意愿的影响及其机制研究［J］. 管理学报，2020，17（1）：94-104.

［21］OHANIAN. The impact of celebrity spokespersons' perceived image on consumers' intention to purchase［J］. Journal of Advertising Research，1991，31（1）：34-51.

［22］孟陆，刘凤军，陈斯允，等. 我可以唤起你吗——不同类型直播网红信息源特性对消费者购买意愿的影响机制研究［J］. 南开管理评论，2020，23（1）：131-143.

［23］范钧，陈婷婷，张情. 不同互动类型直播场景下主播互动策略对受众打赏意愿的影响［J］. 南开管理评论，2021，24（6）：195-204.

［24］冯建英，穆维松，傅泽田. 消费者的购买意愿研究综述［J］. 现代管理科学，2006（11）：7-9.

［25］韩箫亦，许正良. 电商主播属性对消费者在线购买意愿的影响——基于扎根理论方法的研究［J］. 外国经济与管理，2020，42（10）：62-75.

［26］魏华，黄金红. 在线评论对消费者购买决策的影响——产品卷入度和专业能力的调节作用［J］. 中国流通经济，2017，31（11）：78-84.

［27］JERRY B，GOTLIEB D S. Comparative Advertising Effectiveness：The Role of Involvement and Source Credibility［J］. Journal of Advertising，1991，20（12）：38-45.

［28］PARK H J，LIN L M. The effects of match-ups on the consumer attitudes toward internet celebrities and their live streaming contents in the context of product endorsement［J］. Journal of Retailing and Consumer Services，2020（52）：1-6.

［29］MOORMAN C，DESHPANDE R，ZALTMAN G. Factors Affecting Trust in Market Research Relationships［J］. Journal of Marketing，1993，57（1）：81-101.

[30] ROTTER J B. Generalized expectancies for internal versus external control of reinforcement [J]. Psychological Monographs, 1966, 80 (1): 1-28.

[31] BAIER A. Trust and Antitrust [J]. Ethics, 1986, 96 (2): 231-260.

[32] MAYER R C, DAVIS J H, SCHOORMAN F D. An integrative model of organizational trust [J]. The Academy of Management Review, 1995, 20 (3): 709-734.

[33] GANESAN S. Determinants of Long-term Orientation in Buyer-seller Relationships [J]. Journal of Marketing, 1994, 58 (2): 1-19.

[34] 姜锦虎, 陈智武, 任杰锋. C2C 环境下感知信誉对购买意愿影响的实证研究 [J]. 软科学, 2011, 25 (6): 130-134.

[35] ZHAO L, LU Y, WANG B, et al. What makes them happy and curious online? An empirical study on high school students' internet use from a self-determination theory perspective [J]. Computers & Education, 2011, 56 (2): 346-356.

[36] 李琪, 高夏媛, 徐晓瑜, 等. 电商直播观众的信息处理及购买意愿研究 [J]. 管理学报, 2021, 18 (6): 895-903.

[37] 杨刚, 刘颢琳, 徐韵影, 等. 网络直播引导下用户信息行为特征研究 [J]. 情报理论与实践, 2018, 41 (6): 100-105.

[38] 陈迎欣, 郜旭彤, 文艳艳. 网络直播购物模式中的买卖双方互信研究 [J]. 中国管理科学, 2021, 29 (2): 228-236.

[39] 于坤章, 陈琳, 俞赟芳. 善因营销中顾客信任对行为意向的影响研究 [J]. 经济经纬, 2009, 26 (5): 124-127.

[40] 刘洋, 李琪, 殷猛. 网络直播购物特征对消费者购买行为影响研究 [J]. 软科学, 2020, 34 (6): 108-114.

[41] CHIA-LIN, HSU, KUO-CHIEN, et al. The impact of website quality on customer satisfaction and purchase intention: Perceived playfulness and perceived flow as mediators [J]. Information Systems & E Business Management, 2012, 10 (4): 549-570.

[42] DAVIS F D, BAGOZZI R P, WARSHAW P R. Extrinsic and intrinsic motivation to use computers in the workplace1 [J]. Journal of applied social psychology, 1992, 22 (14): 1111-1132.

[43] HASSANEIN K, HEAD M. The impact of infusing social presence in the web

interface：An investigation across product types ［J］. International Journal of Electronic Commerce，2005，10（2）：31-55.

［44］ YANG S, LU Y, GUPTA S, et al. Mobile payment services adoption across time：An empirical study of the effects of behavioral beliefs, social influences, and personal traits ［J］. Computers in Human Behavior, 2012, 28（1）：129-142.

［45］ 王秀俊，王文，孙楠楠. 电商网络直播模式对消费者购买意愿的影响研究——基于认知与情感的中介作用 ［J］. 商场现代化，2019（15）：13-14.

［46］ 王嵩. 移动电商环境对冲动消费意向的影响——基于情绪的中介效应 ［J］. 商业经济研究，2020（11）：35-39.

［47］ 刘洋，李琪，殷猛. 网络购物节氛围对消费者冲动购物行为的刺激作用 ［J］. 商业研究，2018（7）：18-23.

［48］ RODGERS, SHELLY. Gender and E-commerce：An exploratory study ［J］. Journal of Advertising Research, 2003, 43（3）：322-329.

［49］ CHANG H H, SU W C. The impact of online store environment cues on purchase intention：Trust and perceived risk as a mediator ［J］. Online Information Review, 2008, 32（6）：818-841.

［50］ SHEN Y C, HUANG C Y, CHU C H, et al. Virtual community loyalty：An interpersonal-interaction perspective ［J］. International Journal of Electronic Commerce, 2010, 15（1）：49-74.

［51］ 邹玉凤，卢向华，李凤瑶. 网红直播电商能带来忠诚消费者吗？——来自某化妆品品牌消费者购买的证据 ［J］. 外国经济与管理，2023，45（5）：134-152.

［52］ 常永佳. 农产品直播对消费者购买意愿的影响研究——基于感知价值与感知风险的传导作用分析 ［J］. 价格理论与实践，2022（7）：130-133.

（本章感谢向晖蓉、施钰琪、金晓颖同学在采集资料、整理文稿中的积极贡献）

第四章

第五章　古典文化在现代苏醒？
——文化自信与新生代员工管理

5.1　古典文化在现代苏醒

5.1.1　中华文化的生命力

　　中华文化因其顽强的生命力和厚重的底蕴积累在人类文化史上留下了浓墨重彩的一笔。翻开历史篇章，我们会在历史洪流的多条干支上找到中华文化的影子。国学大师钱穆曾在其封笔之文中这样写道："近百年来，世界人类文化所宗，可说全在欧洲。最近五十年，欧洲文化近于衰落，此下不能再为世界人类文化向往之宗主。所以可说，最近乃是人类文化之衰落期。此下世界文化又将何所向往？这是今天我们人类最值得重视的现实问题。以过去世界文化之兴衰大略言之，西方文化一衰则不易兴，而中国文化则屡仆屡起，故能绵延数千年不断……我以为此下世界文化之归结，恐必将以中国传统文化为宗主。"钱穆大师将中华传统文化置于世界文化之宗主一位，可见其对中华文化旺盛力与影响力的充分肯定。纵观上下五千年，中华文化确担得起这一称号，笔墨纸砚、唐诗宋词、京剧昆曲、雕木制陶等文明遗产薪火相传，共同积聚成中华文化的浩瀚星海。

5.1.2 陶瓷文化的渊源和发展

倘论中华文化，则无法略去陶瓷。"中国"的英文单词拼作"China"，这恰巧也是"陶瓷"的英文翻译，在外国人看来陶瓷绝对是中国代言词的不二之选。西方国家进口我国陶瓷已有上百年的历史。独特的陶瓷工艺品成为中国的特色标志，见瓷即联想到东方国度。中华文化的浩瀚星海中，陶瓷文化可说是最熠熠生辉的星辰之一。追溯陶瓷发展史，可以惊讶地发现，其几乎与中华民族发展史等长。早在原始的河姆渡时期，我国就出现了陶瓷器具的早期雏形，而后殷商、秦等朝代持续发展相关工艺。到了唐代，唐三彩的出现将陶瓷烧制工艺推向了一个小高峰，这是我国陶瓷史上的一个创举，也标志着陶瓷工艺的成熟。至宋元时期，各地陶瓷业发展欣欣向荣，陶瓷的大树在各地分出枝丫，百花齐放、枝繁叶茂，形成各具特色的名窑。明清年间，陶瓷技术不断突破，色彩、造型更胜以往。

陶瓷文化的脉络在中华千百年历史长河中从未断裂，不断延伸发展至今日，我们应当珍惜其延续之不易，让传统文化的脉搏在现代仍可跳动。尽管已有千年历史，但时至今日我们仍能看到陶瓷的古典身影，硬核应用如医疗或航空器械，日常如装潢中应用广泛的瓷砖或家居中放置的陶瓷艺术品，甚至在流行歌曲中也能寻得，当年一首《青花瓷》火遍大街小巷，至今仍广为传唱。我们喜欢用文化基因来形容某个民族的文化特性和内涵，沿用这个概念，若说中华民族的文化基因中陶瓷文化属于显性基因，想来人们也难以反驳。陶瓷文化如此绵长又意义非凡，在现代社会更应该将其发扬下去，不可让其技艺和文化内涵断了脉络。习近平总书记曾就文化传承在多次重要场合中作出了论述，2018 年 3 月，习近平总书记在第十三届全国人民代表大会第一次会议上指出，"我们要以更大的力度、更实的措施加快建设社会主义文化强国，培育和践行社会主义核心价值观，推动中华优秀传统文化创造性转化、创新性发展，让中华文明的影响力、凝聚力、感召力更加充分地展示出来"。2022 年 5 月，习近平总书记在中央政治局第三十九次集体学习时强调，"文物和文化遗产承载着中华民族的基因和血脉，是不可再生、不可替代的中华优秀文明资源。要让更多文物和文化遗产活起来，营造传承中华文明的浓厚社会氛围"。

国家在政策号召上为文化传承助力，但文化传承的真正动能必须来自更为广泛的个体和组织，以大众的行动来实现文化传承的目标，北京陶瓷艺术馆就是一家为文化传承发展作出切实努力的民办非企业单位，具有公益性质。北京陶瓷艺术馆有着得天独厚的地缘优势。多年来，一直以"弘扬传统文化、讲好中国故事、打造科教平台、树立文创品牌"为宗旨，立足公益事业，专注于"弘扬陶瓷文化、鉴赏陶瓷艺术、开展陶艺教育、体验陶艺生活"，响应了"十四五"规划中"健全非物质文化遗产保护传承体系，加强各民族优秀传统手工艺保护和传承"的号召，在陶瓷文化传播、公众教育及社区服务上发挥着积极作用。

5.2　北京陶瓷艺术馆的自我发展与文化传承之路

笔者曾有幸前往北京陶瓷艺术馆参观，并与北京陶瓷艺术馆的相关负责人进行过几次访谈，较为详细地了解了艺术馆的发展脉络，也切身体会到艺术馆对文化传承所作出的不懈努力，在佩服艺术馆一路取得的成就以外，更感慨于其坚守与担当。北京陶瓷艺术馆正式创馆七年来，始终坚持"为公"的价值理念，不曾更改过"公益组织"的定位，在政策限制、资金不足及人力短缺等多重困境下，以艺术馆馆长为核心的所有工作人员克服种种挑战，致力于发扬陶瓷文化、创新陶瓷文化，未有放弃中断。再次回顾艺术馆的成长之路，我们奇妙地发现，其发展轨迹和陶瓷制作工艺有异曲同工之妙，陶瓷制作主要有采料、拉坯、施釉及烧制这4个环节，以其中3个环节比喻组织的搭建和发展传承之路颇有合宜之处。虽达不到百分之百相似，但"求意"而非"写真"，该类比足矣。

5.2.1 拉坯塑形——搭建组织

拉坯通常是陶瓷工艺品制作的第一步，目的是塑性。艺术馆发展之初，也需要"塑形"，把组织架构搭建起来。

北京陶瓷艺术馆并非一个全新的组织，其由过往一旧有艺术馆转型而来，前身是成立于2008年的北京闽龙陶瓷艺术馆，隶属于北京闽龙集团。当初闽龙集团出于丰富业务板块、提升企业形象及承担企业公益责任等原因，筹备建设了北京闽龙陶瓷艺术馆，作为自身文化标签。彼时其功能较为单一，主要用于展销，为各产瓷区、院校、工艺大师提供展厅、销售作品。2012年建设回迁房政策出台，北京闽龙陶瓷艺术馆所在区域被政府征收，艺术馆遂被拆除。2014年艺术馆再次选址启动，但若按照原有发展模式，艺术馆将面临严峻的挑战。一方面随着"八项规定"及之后相关举措的陆续出台，陶瓷这类高端工艺品被贴上"豪奢"的标签，不仅不适用于普通消费者，高端消费环境也被限制，陶瓷市场大幅萎缩；另一方面，艺术馆所背靠的企业面临被清退的风险，北京市当时提出了"疏解非首都功能"的城市发展战略，拟将部分低附加值的制造业向外疏解，闽龙集团恰巧处于这一危机当中。

在双重挑战下，闽龙集团及闽龙陶瓷艺术馆重新梳理发展战略，以实现转型升级。最终，艺术馆确定以"传承与创新陶瓷艺术"为宗旨，以"生活艺术化、艺术生活化、陶瓷国际化、陶瓷年轻化"为方向，以"弘扬传统文化、讲好中国故事、打造科教平台、树立文创品牌"为目标，在致力于打造高端艺术交流平台的同时，发展公益事业。并于2015年5月正式成立，次年1月在民政局登记注册成为民办非企业单位。

价值观、宗旨及目标皆为组织当中的软性成分，描绘完这些成分后，则需勾勒组织结构这类硬性成分。艺术馆的宗旨比较纯粹，人员规模也不算太大，采用典型的职能式组织结构，麻雀虽小，五脏俱全，囊括行政、人事、财务、场馆业务、教研等部门，足以让整个组织的功能生态运转起来。艺术馆以"弘扬和创新文化"为主要目标，希望用文化来凝聚人员，打造平等自由的氛围。所以为避免尾大不掉，整个组织只有3个层级，从馆长到经理主管再到一线人员，结构扁平，意见顺畅上传下达，下层建言也能被上层听见。

组织搭建还有一不可或缺之因素——人员。艺术馆需要陶瓷技艺大师和教研人员来实现陶瓷文化推广和创新，也需要行政人员做幕后主持。这些人员来源和传统企业招聘来源大体相似，部分校招，部分社招，以及内推。内推的重要性不亚于常规的招聘，尤其是对于陶瓷技艺大师这类核心技术人员，以市场化的角度获取该类人才难度较大。艺术馆评价候选人时，除了岗位要求，更看重文化契合度，候选人自身的价值观、思维模式、处事方式等会被纳入考量，需与艺术馆的价值理念一致，方可被接受。技术可更替，理念难改变，"招最合适的人而不是最优秀的人"是艺术馆一贯秉持的用人理念，而这种理念是人才队伍建设顺利的重要原因之一，人心齐才便于泰山移，思想高度一致，步伐更易整齐。

结构成形，人员配齐，"拉坯"过程是否业已完成呢？一些组织可能认为至此可算大功告成，但艺术馆显然不这么看，将人员配置齐全后还跟上了一系列人才管理方案，在人力资源管理各个环节都有精心设计与考量。人员招聘完成后，对不同人员有对应的培训项目，从文化价值、技能到服务，实现多层次人员的人力资本开发。作为一家具有公益性质的组织，艺术馆难以给予过高的薪酬，但其尽力在最大范围内对员工进行保障和奖励。艺术馆会就参与某项活动或任务向员工发放补贴，也会在取得成绩荣誉时发放奖金，以资鼓励。员工代际差异是每个组织都会面临的问题，艺术馆也不例外，有德高望重的技艺大师，也有每年新进的年轻员工，艺术馆充分考虑员工的代际差异，并实施了针对性的管理措施。考虑到年轻员工不囿于成规的个性特点，艺术馆会设计丰富有趣的工作内容，让其参与到多元的活动项目中，以契合年轻人的价值追求。再者，艺术馆注重营造包容支持的团队氛围，注重意见言论的开放表达，为年轻人提供可发挥的舞台。在非正式的语境下，会定期进行团建、举办团体活动等，以构建良好团队关系和塑造和谐氛围。

艺术馆从多个方面为组织修整塑性，打下组织运转的良好基础，至此可说"拉坯"环节大体完成，一家公益性文化机构正冉冉升起。

5.2.2 花上釉——多元活动

拉坯完成之后，就可以在坯身刻制图样并施釉，让陶瓷工艺品增添意蕴和色彩。北京陶瓷艺术馆开发多种业务活动，为组织丰富内涵，也为陶瓷文化注入新的活力。

创造性转化并创新性发展传统文化一直为国家大力提倡，如何以群众喜闻乐见的方式实现这一目标并将其融入社会公益中，是各文化机构关注的焦点问题。对于该问题的解答，北京陶瓷艺术馆交出了一份独特的答卷，并取得了骄傲的成绩。从 2015 年成立以来，艺术馆一直积极响应国家政策，以艺术为落脚点，致力于公益事业，在继承陶瓷传统文化的基础上，结合当代审美价值与消费体验，创新发展陶瓷产业与陶瓷文化弘扬路径，回应了文化现代化转型的大众精神文明需要，在非物质文化遗传继承、文化交流、公众教育及社会服务等方面开辟了新天地。艺术馆面向公众提供公共服务，并实现了文化服务供给模式的创新，这种创新可从 4 个方面得以窥见。

弘扬文化，首先要将文化宣扬出去，让更多人看得见。艺术馆几乎每年都在宣传上倾注心血，从 2015 年开办至今，举办的大型艺术展览达 40 余场，每场艺术展览都有专门的主题设计。文化宣传还需要走出去，面向国际舞台，艺术馆积极开展陶瓷文化交流活动，邀请国内外陶瓷行业人员参与，全方位展示各地域独特的陶瓷精品，促进陶瓷文化的融合。另一个重要的"走出去"道路是承接国际学生参观活动，通过邀请外国学生及在中国就读的留学生来艺术馆参观体验，让他们感受陶瓷文化，领悟陶瓷魅力。艺术馆曾于 2015 年邀请孔子学院国际友人、2016 年邀请吉尔吉斯斯坦的学生、2018 年邀请北京市第五十五中学国际部学生等前往参观，在一定程度上促进了陶瓷文化在国际上的传播。

艺术馆具有"为公"的情怀，致力于向社会提供文化服务，让人们印象中典雅高贵的"陶瓷艺术"不再曲高和寡，"旧时王谢堂前燕，飞入寻常百姓家"，更多的人可以看得见，也摸得着。节假日期间，艺术馆以节日主题为切入口，创造性融入陶瓷文化举办主题活动，如母亲节"妈妈永远是少女"、妇女节"三八女神节"等主题活动，并融入茶道、花道、汉服等多种传统元素，在宣扬传统文化的同时，也向公众传达正确积极的社会主义价值观。艺术馆巧妙地借助现代场景向我们展现历久弥新的陶瓷文化，向其注入新的生命力，以新的结构框架描绘陶瓷故事。艺术馆也会主动走近社区，带领艺术馆老师向居民讲解陶瓷知识，或是接待居民前往艺术馆体验制作活动，借此提高陶瓷文化在基层人民群众中的影响力。

一年之计，莫如树谷；十年之计，莫如树木；终身之计，莫如树人。文化的传承也是如此，千百年间薪火不曾间断，除了民间的支持基础，万不可缺少传承人的培养，重视人才是长青的明智之举、高远之计。北京陶瓷艺术馆长期秉承"传承与创新陶瓷艺术"的宗旨，协助输送陶瓷人才。其将国家政策与自身优势相结合，积极搭建校企合作平台，曾先后与北京市工贸技师学院、北京城市学院、中国传媒大学等开展校企合作，就集成教育、非遗文创、文化项目策划及陶瓷人才培养等项目开展深入合作，既将弘扬传统陶瓷文化落到实处，又提高了人才培养质量，走出了产研学联合发展的特色道路。凭借自身强大的师资队伍和文化资源，艺术馆为来自北京市的多所学校教师提供陶瓷文化培训，如举办朝阳区幼儿园教师培训、东城区美术教师研修活动等，为陶瓷科普事业组建强有力的后援队，让更多中小学生能够感受到陶瓷的文化魅力与科技知识。

"陶瓷教育当从娃娃抓起"，这是艺术馆践行的理念，文化的熏陶是终身修行，文化的烙印从小时便开始形成。艺术馆积极参与教育改革，为北京市的中小学生提供优质的科普活动，构建无边界、跨学科的开放学习服务平台，如为全市七、八年级学生提供优质、多元、丰富、生动的合作探究式实践活动，满足学生个性化、多样化的发展需求。自 2016 年开始，北京陶瓷艺术馆不断推出课程，曾被授予"北京市中小学生社会大课堂资源单位"荣誉称号，并入选全国中小学研学实践基地，2022年北京陶瓷艺术馆被认定为2021—2025年第一批全国科普教育基地。艺术馆在教育公益事业上的倾注取得了较为丰硕的果实，相信它以"陶瓷文化"教化育人的投入会在无数孩子心间埋下"美育"的种子，在未来结出更多的硕果。

5.2.3 烧制淬炼——砥砺成长

烧制是陶瓷工艺品制作的最后一步。宝剑锋从磨砺出，梅花香自苦寒来，耐住了火炼，方成精品，倘若没能经受住，便功亏一篑。一家组织发展的过程中往往也创业艰难百战多，尽管艺术馆如今算是小有成就，组织成型、人员到位、业务线活跃，但一路也曾过五关斩六将，历经跌宕。艺术馆成立之初，在民政局注册为民办非企业单位（以下简称为民非组织），而民非组织的公益性质使其容易陷入资金资源缺乏的困境，很难完全依靠自己生存，尤其在成立之初。如何形成稳定且长久的资金支持体系，是每个民非组织都需要考虑的生存问题，艺术馆从3个方面解决了资金的问题。

北京陶瓷艺术馆的发起方是北京闽龙集团，为艺术馆提供了资源、场地及资金3个方面的支持，这是艺术馆得以成立经营的先置条件。闽龙集团为北京陶瓷艺术馆提供了建设用地，极大地减轻了艺术馆的资金负担，并源源不断地给予资金支持，为艺术馆顺利孵化提供了重要的资金保障。

后来，艺术馆通过自身努力申报项目，与文旅局和教委等政府部门进行长期合作，通过政府购买服务获得了部分资金赞助。例如，北京市文旅局曾向艺术馆支付10万元，让其服务至少40个社区，为居民宣讲陶瓷文化，免费提供拉坯、釉下彩绘等体验项目。北京市教委为了推动教育教学领域的各项改革，也曾向北京陶瓷艺术馆提供一笔资金，要求其在一定的时间内服务一定数量的学校，为广大中小学生开展讲解体验及实践活动。向政府部门提供高质量的产品服务，艺术馆承接了部分文化服务供给的职能，不仅获得资金，为组织积累了声誉，更为弘扬传统文化作出了扎实的努力与贡献。

单靠资助和政府项目，艺术馆仍难以为继，为此，其也大力建设自身的收益体系。艺术馆大部分项目为公益性质，但消耗较大的单次体验项目，如泥塑、注浆、陶瓷釉上彩、烧制等需要收取额外的费用。艺术馆的陶瓷课程班及礼品定制也需要单独收费。此外，艺术馆还经营着进林轩京东官方旗舰店。由于艺术馆是非营利性组织，所以只得将进林轩隶属于北京闽龙创艺文化交流有限公司，主要销售陶瓷筷子、茶具等日用百货用品，虽然不直属于北京陶瓷艺术馆，但产生的收益全部用于艺术馆的建设和发展，极大维持了艺术馆日常经营。由于旗舰店隶属于企业，也未曾干扰艺术馆"公益"的成分，做到"公益"与"营利"的平衡。

事实上，到2020年时，艺术馆自身收益体系已经达到艺术馆开销的一半以上，最终凭借自身的营利模块实现财务独立，不再过于依赖孵化者——闽龙集团的哺育。相反，其良好经营和社会形象成为闽龙集团的文化标签，彰显了企业的社会责任感，可说艺术馆达成了成立之初发起者的目的，实现了"反哺"。

2020年好不容易实现了财务自由，又迎来了新的危机。这场危机不单单是在艺术馆的意料之外，也是全国、甚至全世界范围内始料未及的黑天鹅事件——新冠疫情暴发。疫情暴发之后，全国线下平台业务都艰难维计，北京陶瓷艺术馆也在所难免，其线下业务受到严重影响。困难当头，艺术馆以"雄关漫道真如铁，而今迈步从头越"的心态，开拓新媒体业务。同年3月，艺术馆借力今日头条、抖音、微博等流量平台宣传，最终成功在微信公众号上开展了第一次全国陶瓷艺术品在线展览。随后，艺术馆逐渐得心应手，探索出合适的自媒体传播方式，在疫情背景下开发了新媒体运营服务，从"山重水复疑无路"过渡到"柳暗花明又一村"。相继举办了《陶瓷少年说》短视频大赛、馆长直播等活动，使群众通过线上媒介，打破物理时空的限制，近距离感受艺术作品与现代技术的奇妙碰撞。同年 10 月 18 日，艺术馆推出陶瓷艺术家新媒体运营服务，这是引领当代陶瓷艺术生活化、时尚化、年轻化的重要探索，通过高品质直播内容和短视频，更真实、生动地展现了陶瓷制作的点滴，让更多人深入了解手艺人的匠心与坚守，也让更多人看到古典文化在现代氛围中"活"了起来。至此，艺术馆实现了新媒体运营，在数字经济重要性越来越凸显的时代实现了发展转型，追上了时代潮流。

如今，北京陶瓷艺术馆以线下和线上业务结合的方式，平稳地进行双轨运营，不断开拓着新的业务版图，逐渐成长发展，在这个过程中，也在陶瓷文化的弘扬和创新篇章中写下了自己的诗句。

艺术馆 2015 年成立，其历史和众多百年历史、基业长青的企业组织相比自是寥寥，但从 2015 年至今，一路风雨挑战、开拓创新及收获成长千汇万状，难以述完。非常感慨在快节奏的当下，能有这么一家公益性组织肯坚持弘扬中华传统文化，并将其作出成绩。在今后，相信艺术馆秉持着"弘扬文化"和"为公"的初心、坚守着"创造性转化、创造性发展文化"的匠心、以"千磨万击还坚劲"的恒心不断弘扬陶瓷文化，定能长久发展，持续为古典文化注入新时代生命力。

最后值得说明一点，事实上，烧制还不算制陶的最后一步，在这之后还可以在其身上绘制花样，作何种花样、怎样作画全凭手艺人自已发挥。以笔者角度看艺术馆的发展和弘扬文化之路，认为其和制陶颇为相似，故这最后一步需要艺术馆在现实中不断践行，开创未来。

参考文献：

[1] 钱穆. 中国文化对人类未来可有的贡献 [J]. 中国文化，1991（1）：93-96.

[2] 范建华. 中国特色文化与特色文化产业论纲 [J]. 学术探索，2017（12）：114-124.

（本章感谢王艺铭同学在采集资料、整理文稿中的积极贡献）

第六章　管理沟通中的表面顺从：
概念、测量与影响

当个人与组织价值观不一致时，个人隐藏自己的价值观而假装迎合组织价值观的行为被称作表面顺从。表面顺从不仅会引起情绪内耗等一系列负面效应，也会阻碍个人的工作投入、组织公民行为等组织内行为，不利于组织的长期发展。本章基于组织管理领域的相关研究，阐述了表面顺从的概念内涵，归纳了其形成的原因、产生的影响，以及心理机制。未来研究可以进一步检验表面顺从在中国本土情境下的影响机制和作用边界，探求表面顺从在组织中的动态化发展。

6.1　表面顺从的概念与测量

6.1.1　表面顺从的研究背景

在当今社会，企业竞争愈发激烈，传统的指令管理和目标管理模式正在遭受挑战，而提高员工价值观与组织价值观匹配程度的价值观管理，成为企业成功的新的战略管理方式。已有研究指出，个人价值观与组织内部价值观的高度匹配对组织承诺、工作满意度、工作态度、工作绩效等方面具有积极效应，但是相关研究未能对表面价值观与实际价值观是否一致的问题进行更细致的探讨。2003 年 Hewlin 率先提出了表面顺从（Facades of Conformity，FOC）的概念，他将表面顺从定义为个人在与组织价值观出现差异时，隐藏自己的价值观，假装接受组织价值观的现象，是个体面对价值观冲突时保持沉默的手段，是组织中的一种生存策略。

这种价值观不一致的现象，使得衡量和实现个人与组织价值观的匹配更为复杂，对价值观一致的管理和学术实践提出了挑战。对组织内个体表面顺从的研究，有助于更好地了解个体与组织之间匹配的现象，以及进行组织行为学方面的思考。引导企业创造一个好的管理环境，有利于鼓励员工真实表达自我，为组织决策作贡献，减少人员流失。因此，表面顺从在组织和管理中的作用值得进一步挖掘。

个体表面顺从的产生也会受到工作不安全感、组织政治感知等因素的影响，这种虚假的表达形式会诱发负面预期、情绪耗竭、心理压力、痛苦等消极状态，进一步可能导致个体的工作满意度、工作投入降低，不道德工作行为增加。本研究探究组织中个体表面顺从产生的原因及带来的影响，提出可以进一步探讨的问题。

另外，尽管表面顺从这一概念自提出以来，受到了一些西方学者的关注。相较而言，中国本土化的表面顺从研究还处于起步阶段。中国自古以来强调中庸，邵爱国和朱永新认为中庸包含"适度、整体、权变、和谐"四大原则，其中"和谐"原则就是"以和为贵"的价值观念，这种价值观的影响下，个体更愿意避免冲突，从而有可能产生表面顺从。除此之外，相较于西方而言，中国社会更强调集体主义观念，集体主义价值观是人们关心集体成员和集体目标的程度，个人的集体主义感越强越重视组织的目标与利益，已有研究探究了集体主义与表面顺从之间的关系，集体主义会激发个体的表面顺从，因此，在中国社会背景下，表面顺从可能更为常见。

综合上述 3 个方面原因，本章阐明了表面顺从的起源和概念，归纳了现有的测量方式，并基于相关的组织管理实证研究，梳理了个体在组织中表面顺从的产生，表面顺从对个体态度和行为的影响及其中的心理机制，期望推动已有研究进展，为后续研究发展提供有针对性的启示。

6.1.2　表面顺从的概念

6.1.2.1　表面顺从的概念起源

表面顺从概念的产生可以追溯到对组织中从众行为的研究。从众（Conformity）是指个体在受到社会或团体的压力后，自身的知觉、判断和行为倾向与团队中大多数人相一致的现象，从众行为与认识存在一致的倾向，其行为目的是对事物真实性的探求和认同。从众的产生可以归结为 3 种原因：一是个体为了获得奖励或避免惩罚；二是个体相信群体的观点或者行为是正确的，从而产生内生化认同；三是个体为了维持自己所认为的重要关系。宋官东认为，从众的概念认知已经发生了改变，传统观点认为，从众是个体受到群体压力而导致的行为或态度上的变化，当前则认为从众是明确的有目的性的，他进一步将从众分为理性和非理性两种类型，其中，理性从众又可以进一步划分为遵从、顺从和服从 3 种表现形态。

Asch 认为员工会因为压力而产生顺从行为。组织中的人际关系、环境具有复杂性的特点，当新员工进入组织当中时，可能会受到"现实的冲击"，以组织为基础的物质世界和社会世界与原本世界相比发生变化，因此，为了更好地融入组织，个体可能会采取顺从的方式。在工作当中，这种融入行为可能表现为观察并模仿组织中的其他角色及沉默行为等。组织社会化的观点也表明，当新员工进入职场后，开始重视组织的关键价值、与角色相关的能力和使命。

6.1.2.2　表面顺从的概念形成与发展

　　然而，上述研究很少探究员工从众的外表与内心的价值观是否一致的情况。对此，Hewlin 定义了表面顺从，将表面顺从定义为员工在个人价值观与组织价值观存在差异时表现出的一种虚假表象，员工似乎接受了组织的价值观，并通过言语或非言语的方式支持组织，但是内心的价值观并未发生改变，这种表象只涉及行为层面。这一概念中的"组织价值观"可能是组织的整体价值观，也可能是组织内部的主流价值观。

　　随后 Stormer 和 Devine 拓展了 Hewlin 表面顺从的概念维度，他们以大学教员为研究对象，将表面顺从分为直接表面顺从和间接表面顺从。直接表面顺从是指个体会主动地采取行动来表达自己与组织价值观的一致（如积极假装支持某一计划），而间接表面顺从则是指个体会故意地避免采取与组织价值观相违背的行为（如同意某项计划，但是并不采取行动）。同时，他们也提出价值观的一致性是动态的，并不是一成不变的，表面顺从的概念得以进一步完善。但是 Stormer 和 Devine 的概念结论并未在其之后的研究中展开，未曾在企业管理及其他管理情境中得到检验。

　　表面顺从是指个体抑制与组织不一致价值观的表达，还在言语和行动上假装支持组织主流价值观的现象。这一行为会使个体体验更多的负面情绪，如情绪耗竭，并使个体具备更低的工作投入和情感承诺。因此，不少组织都鼓励真实地自我表达。然而，受强调"忠孝顺从"与较高的权力距离的中国传统文化影响，个体更容易拥护组织的主流价值观，产生表面顺从行为。这类现象不仅体现在工作场景当中，也可能体现在校园场景中。

6.1.2.3 表面顺从及相似概念

表面顺从作为一种伪装行为，与情绪劳动、印象管理、表面和谐这些已有的概念有一定的联系与区别，已有学者也对此进行了辨析。但是表面顺从与表层扮演、顺从之间也存在一定的联系，对这类概念进行区分有利于深入理解表面顺从的概念，从而应用到实际管理当中。

（1）表面顺从与表层扮演

Hochschild 提出，情绪劳动（Emotional Labor）是员工控制和管理情绪以创造出公众可察觉的面部表情和身体表现以实现组织目标换取报酬的一种劳动形式，员工会通过两种方式进行情绪劳动，一种是深层扮演（内心的情绪与想要表达出来的情绪一致），另一种是表层扮演（内心的情绪与表达出来的不一致）。其中，表层扮演体现了个体内外不一致的现象，在涉及外表的伪装方面与表面顺从很相似，但是二者也存在明显的区别。表层扮演是一种情绪的管理，为了符合组织规则的情绪要求而对表达出来的情绪进行管理，这种行为不一定会涉及价值观的差异，且更多地是发生在服务行业，尤其是员工为客户提供服务的情境中。而表面顺从则是为了表现出自己与组织价值观的一致，采取言语行为或行动手势等非言语的行为，它表现的方式更为广泛，主要发生在组织成员之间的互动过程中。

（2）表面顺从与顺从

要想更好地理解表面顺从的概念，也有必要将表面顺从与顺从的关系进行区分。Kochanska 和 Askan 在对儿童顺从的研究中将儿童顺从分为自愿顺从和情境顺从，自愿顺从是受个体内部动机的驱使，而情境顺从则是受到外部压力的影响。宋官东和张雷根据顺从产生的社会情境将顺从划分为美德型顺从（面对自己尊重或喜爱的人）、道德型顺从（对待怜悯或需要尊重的人）和理智型顺从（对待自身认为不理智的人），而无论何种形式的划分，顺从都可以视为主体为迎合客体的期望而产生的与客体一致的行为或态度。表面顺从中的主体表现出对组织价值观的支持，是一种"虚假的表达"，可以被视为主体对组织期望的迎合，这一点体现了顺从的社会性、悦他性特点，这种顺从并不是真实的顺从，表面顺从可以看作顺从依据价值观匹配所进行的分类形式。

（3）表面顺从与印象管理

印象管理是个体为了创造、维护或保护自己在他人心中的形象而做的努力，在印象管理动机的驱使下，个体会采取一系列的印象管理策略或行为，这种期望塑造的形象往往是比较积极的。印象管理与表面顺从最大的区别在于印象管理通常是在二元关系的背景下进行研究的（如上下级之间），并不强调抑制价值观，它以期通过对目标对象的印象管理来实现自己的目的，如绩效考核和就业。而表面顺从是在自身与组织价值观不一致的情况下，假装对组织价值观的拥护，强调自身与组织价值观的不一致性及自身的伪装。

（4）表面顺从与表面和谐

另一个与表面顺从相似的概念是表面和谐，表面和谐是与真诚和谐（Genuine Harmony）相对的概念，它是指个体在面对冲突时，如上级的辱虐管理，为了避免自身的利益受损害，而将维持人际和谐作为一种手段，它是一种动机或价值观。而表面顺从强调的是行为，是个体采取的与组织价值观一致的言语或非言语的行动。从这一关系来看，在表面和谐的动机下，个体会采取一系列的行动，表面顺从就是其中的一种。此外，程文等指出二者在目的上也存在区别。表面和谐是为了维持人际关系，避免自身利益被损害，表面顺从则是为了避免自身因为价值观的差异使自身遭受伤害。

6.1.3 表面顺从的概念测量

6.1.3.1 常见的测量工具

尽管表面顺从的概念已在 2003 年提出，但是其测量工具的发展比较缓慢，一直到 2009 年，Hewlin 才开发出相应量表。他首先通过对两阶段收集的数据内容进行编码形成了 10 个条目的内容来形容表面顺从，随后通过小组讨论、初步测试及验证性因子分析，最终确定了 6 个条目量表。该量表在开发之后被广泛应用。该量表的 6 个条目分别为："我不会为了适应工作而表达自己的真实感受"，"我压制与组织不同的价值观"，"我会隐藏自己与组织冲突的个人价值观"，"我不会假装接受组织的价值观来'耍小聪明'"（反向计分），"当我自己的价值观与组织价值观发生冲突时，我会以组织的价值观行事"，"我会说一些我在工作中不认可的话"。

Hewlin 等在 2017 年的一项研究中采用了行为实验的方式来测量某一课程的 131 名本科生在与小组成员价值观不一致的情况下是否会产生表面顺从。实验背景设定为校园酒精和毒品议案的在线讨论，参与者注册"网名"发表自己对该议案的看法，同时可以看到组内其他成员（网名）的意见。实验采用 Qualtrics TM 在线调查软件将参与者随机分配到"价值观一致"（屏幕中显示其他 3 个组员及官方与自己观点相同）、"价值观不一致"（屏幕中显示其他 3 个组员及官方与自己观点不同）与"中立"（屏幕中显示其他 3 个组员及官方声明观点是中立）的条件下。随后，参与者被要求用 3～5 句话论述其对议案的看法是基于个人的信仰和价值观（你反对或支持它的程度，以及为什么），论述全组可见并构成了表面顺从测量的基础。两名实验人员在场外对陈述进行编码以判断参与者的表面顺从程度。操纵性检验结果表明价值观一致性低的情况下表面顺从产生的可能性更高。

6.1.3.2　测量工具评析

虽然 Hewlin 等采用了行为实验的方式，但是之后的研究中表面顺从的测量仍旧使用 Hewlin 开发的量表，该量表经过大量实证检验具备很好的信效度。而根据 Stormer 和 Devine 的观点，表面顺从具有二维性，可以分为直接表面顺从和间接表面顺从，但是表面顺从的二维测量工具并未开发。值得说明的是，现有研究通常是采用自我报告的方式来测量个体的表面顺从。

6.2　表面顺从的影响因素

表面顺从行为的发生是个体与组织内其他个体之间互动及与组织互动的结果，其形成是一个复杂的过程，会受到诸多因素的综合影响，本章将从组织特征、领导特征及个体特征 3 个层面梳理表面顺从的影响因素。

6.2.1　组织特征对表面顺从的影响

当个体价值观与组织价值观不一致时，个体可能会产生隐瞒自己价值观的现象。根据表面顺从的定义，这一现象的存在以组织环境为背景，表面顺从的产生会被组织环境所影响，因此探究组织环境对个体表面顺从行为的影响是十分必要的。不少学者都对此展开了研究。组织环境方面的影响因素具体见表 6-1。

表 6-1 组织环境因素对表面顺从的影响

维度	学者	观点
组织奖励制度	Hewlin（2003）；Storme 和 Devine（2008）	组织的奖励制度是组织强化员工行为或态度与组织价值观或信念一致的重要手段，群体惩罚仍是强大的激励因素，奖励制度和风险感知都会激发员工的表面顺从
非参与性工作环境	Hewlin（2009）；Sharma，C. S 和 Sharma，N（2014）	非参与性工作环境强调高控制、可预测，这种环境下，组织很难接受不一样的价值观，也不鼓励员工表达自我。在非参与性工作环境下，员工会激发表面顺从，以弱化组织压力
组织多样性感知	Phillips 等（2016）；Perrigino 和 Jenkins（2022）	组织重视多样性，则会鼓励员工表达不一样的观点，员工不会担心表达带来的负面影响，表面顺从就越弱
组织支持	Hunter 等（2012）	想要在组织中获得支持是具有挑战性的，组织支持感高，会给员工表达不同价值观的机会，员工的表面顺从更弱
职场排斥	姜平和张丽华（2021）	个体通过隐藏自己的价值观，防止自己被职场排斥
职场欺凌	Liang 等（2020）	职场欺凌会引发员工的工作紧张感，从而激发员工的表面顺从
组织政治氛围感知	Anjum 和 Shah（2017）	高政治性工作氛围中会有偏袒等行为，员工感知到组织政治氛围较高时，为了避免遭受不公正待遇，会表现出更多的表面顺从
工作不安全感	Hewlin 等（2016）；Hewlin（2003）	为了应对个体感知到自己在组织中的工作关系受到的威胁，会激发表面顺从行为作为一种防御策略，但是随着职业生涯的发展，年龄越大，员工对职业的关注越少，反而会愿意表达自我
强制性公民行为	Liang 等（2022）	当组织强迫员工参与公民行为时，员工可能会因为工作超出职责而感到压力，可能会压抑自己的价值观，并遵循符合中国文化的雇主的价值观和要求
包容性氛围	尹文阳（2022）	包容性的团队氛围下，员工之间更容易建立信任关系，个体对自己提出不同意见后产生的负面预期较弱，进而会减少表面顺从行为的实施
少数群体地位	Hewlin（2003）；Hewlin（2009）	少数群体被看作具有显著社会特征并在群体中占比较少的个体，这些个体特征包括性别、年龄、价值观、种族及信念。少数的个体为了更好地融入组织，表现出表面顺从

维度	学者	观点
价值观一致性	Hewlin（2003）；Hewlin 等（2017）	个人价值观与组织价值观冲突时，忠实于自己的价值观和个人观点可能是一项挑战，融入和归属的愿望与保留自己个人价值观的愿望会进行抗争，成员可能会感到有压力去从事不真实的行为，从而压制不同的价值观，甚至假装接受组织的价值观，激发表面顺从

注：依据资料整理所得。

  个体受组织环境的影响而产生的表面顺从是个体与组织情境互动的结果，相关研究大多从归属需求理论（Need-to-Belong Theory）、自我呈现理论（Self-Presentation Theory）、社会交换理论（Social Exchange Theory）及社会认同理论（Social Identity Theory）视角进行解释。归属理论认为当个体的归属感遭受威胁时，个体会寻求措施努力地控制自身的归属感，以免受到伤害。因此，当个体感受到组织环境中的负面反馈如组织排斥、组织政治氛围时，会有低归属感，从而采取组织中大多数人的行为方式，激发表面顺从。自我呈现理论认为，为了促进个人目标的实现，个体有展示自我的需求，并在这种需求的影响下，个体会不断地调整自己外放的信息以建立有利于自己的形象。顺从作为一种表现策略，当感受到外界威胁时，会被激发以自我保护。社会交换理论认为个体会对有利或不利的情况作出反应，当感知到被善意地对待时往往会作出积极的应对，相反则会出现消极应对。因此，当个体感受到来自组织消极对待时，可能会产生表面顺从这类不利于组织发展的行为。社会认同理论强调个体对实现积极社会认同的努力。因此，为了提高自身地位和实现积极的组织结果，这类群体可能改变他们的行为，使自身更符合大多数群体的规范、价值观与特征，以提高自身地位。

6.2.2 领导特征对表面顺从的影响

领导作为管理的基本职能之一，其在组织中的重要性不言而喻。领导者的风格，领导者的行为都可能引起下属行为的变化。领导因素影响表面顺从的研究总结见表6-2。

表6-2 领导因素对表面顺从的影响

维度	学者	观点
辱虐型领导	Vogel 和 Mitchell（2017）；Akhtar 等（2022b）	辱虐型领导因为持续表达对员工的敌意，会削弱员工在工作中感知到的价值感，感受工作关系恶化，自尊心会下降，员工伪装自己，表达自己与组织价值观的一致性。但是员工的离职意愿会弱化这一关系，离职意愿会使员工的组织归属感减弱，不会因为领导的辱虐而降低自尊心
领导成员交换关系	Hunter 等（2012）；Akbar 和 Akhtar（2018）	领导成员交换关系的质量越高，领导者会更鼓励"圈内人"表达自己的真实感受，员工会对领导表现出更高的信任感，更愿意回报领导表达真实观点，但是这种情况下"圈外人"会倾向于隐藏自己。信任在领导成员关系与员工表面顺从之间起到调节作用，当员工对领导的信任感比较高时，"圈外人"也会愿意表达自己的真实想法
支持型领导	Devine 和 Hunter（2017）	支持型领导会鼓励下属表达自己不同的看法，支持下属提出建议，这种领导风格会激发下属的工作兴趣从而减少表面顺从
管理者排斥	Kalyanamitra 和 Sriyakul（2021）；Akhtar 等（2020）	管理者排斥会使员工面临失去重要资源的风险，员工会通过隐藏真实的自我来保护这些资源。这种形式的领导行为使员工感到社会孤立、不受欢迎和冷漠，员工感觉不到在组织中的意义，就容易激发表面顺从
自恋型领导	尹文阳（2022）	自恋型领导是一种破坏型领导，表现出极度自恋、对异己的排斥等负面特质，会向下属传递一种不安全的信号。员工为了降低不安全感，获得职业发展的可能而呈现出表面顺从

维度	学者	观点
剥削型领导	Akhtar 等（2022a）	剥削型领导具有利己主义，会通过操纵、施加压力的方式，赞扬绩效的方式来控制下属，当面对这样的领导者时，下属试图与其保持距离，少进行互动，发生表面顺从
上下级权力距离一致性	张媛（2022）	下属与领导属于同一组织，共享团队的某些特质。当个体发现其与领导存在分歧时，会产生不确定感，并削弱与领导属于同一团队的归属感。为了降低不确定感，个体会产生表面顺从
上下级关系	张媛（2022）	在中国文化情境下，领导会通过远近亲疏划分"圈内人"与"圈外人"，并依据亲疏关系采取不同的态度。如果员工被划分到外圈，容易被冷漠对待。因此，下属为了避免此类现象的发生而假意迎合上级，获取有利的圈内身份

注：依据资料整理所得。

当前研究主要将资源保存理论（Conservation of Resource Theory）、社会信息加工理论（Social Information Processing Model）、不确定-认同理论（Uncertainty-Identity Theory）与不确定管理理论（Uncertainty Management Theory）作为领导因素影响员工表面顺从的理论解释。资源保存理论指出，个体资源有限且会产生损耗，因此个体会积极地获取、保存并维持资源，当资源产生了损失时，个体会激发防御机制，产生消极的行为。因此，当感知到来自领导的排斥时，这种负面的待遇与偏见会使个体产生压力，消耗已有资源，产生表面顺从。社会信息加工理论指出，员工会通过互动来加工环境信息，并进一步采取相应的工作态度与行为。在职场中，加工的信息往往来源于领导，因此，当领导向下传递了不安全信号时，下属可能会采取表面顺从以满足安全需求。不确定-认同理论的观点则认为个体的不确定感是引发个体质疑态度和行为的重要因素，并会进一步影响个体的信心与身份认同。领导有权力利用身份采取打压等形式影响下属的不确定感，因此当下属与领导出现权力距离不一致的现象，尤其这种差异越大时，员工会感知到其难以获得领导认可，被认同感降低，不确定感升高，更容易采取表面顺从。不确定管理理论指出当人们处于不确定状态时，会关注公平信息以增加自己的信心，降低不确定感。因此，领导成员关系越差，员工更可能采取表面顺从来获取公平信息，降低自己的不确定感，以帮助自身获得在组织中的发展。

6.2.3 个体特征对表面顺从的影响

Hewlin 提出表面顺从概念时，认为表面顺从会受到个体特征的影响，个人所具有的性格特点，持有的价值观念都有可能影响员工表面顺从行为。例如，对他人看法更为敏感的个体往往容易将他人的线索作为自我表达的指南，为了获取他人的认可而更容易产生表面顺从。表 6-3 归纳了个体特征对表面顺从的影响。

表 6-3　个体特征对表面顺从的影响

维度	学者	观点
自我监控	Hewlin（2003）；Hewlin（2009）	自我监控是个体为了使个人利益最大化，提高自己的地位而根据环境改变自己的形象或行为，高自我监控者会更快地发现自身与组织价值观不匹配，为了最大化利益，隐藏自己真正的价值观，呈现出表面顺从
集体主义	Sharma, C. S 和 Sharma, N（2014）；Hewlin（2009）；Miller（2021）	集体主义者会认为自己是与团队不可分割的个体，倾向于以牺牲自身利益为代价分享和促进集体利益。具有高度集体主义价值观的个体在面对价值观与组织不一致的情况时，更容易倾向于压制个人价值观，以免出现与组织的分歧

维度	学者	观点
宜人性	Akbar 和 Akhtar（2018）	在工作场所的社会交往中，当遇到价值观的不一致时，宜人性较高的员工可能会形成工作行为，以获得其他员工的接受。这种在社交活动中塑造工作场所行为的宜人性特点可以导致表面顺从
种族认同	Phillips 等（2016）	个体种族认同感越高，对自己所属少数群体的地位会有一个较低的评价，为了融入组织，更容易诱发表面顺从
负面预期	Anjum 和 Shah（2017）	负面预期是个体对他人对自己进行负面评价的预期，负面预期水平高的人，会尽量避免受到负面评价，追求给别人留下好印象，从而激发表面顺从
权力距离	Miller（2021）	权力距离较大的下属，更倾向于完全忠于领导，避免与领导发生冲突。当出现与领导者价值观不一样的现象时，会隐藏自己真实的感受
感知压力	Miller（2021）	压力往往会导致情绪耗竭等负面影响，个体可以采取表面顺从作为一种压力应对策略以减少自身的情绪耗竭等情况
预防焦点	Liang（2017）	具有高倾向预防焦点的员工倾向于采取避免目标不匹配的策略。因此，他们会隐藏可能会不利于自己职业生涯的想法和建议。当出现与组织价值观不一致的现象时，会采取表面顺从来获得认可
依恋类型	Cheng 等（2022）	表面顺从有利于降低个体被组织排斥的可能性，回避型依恋的个体倾向于采取回避型策略，即在社会互动中表现出防御姿态，抑制真正的情绪，减少不受欢迎的想法的表达，表面顺从正是这种策略的一种。具有焦虑型依恋的个体倾向于采取过度激活策略，即采用工具和情感来诱导他人的同情和理解。表面顺从可以使个体创造一种群体可接受的形象，以免被帮助者拒绝。因此，回避型依恋和焦虑型依恋的个体都容易采取表面顺从

注：依据资料整理所得。

资源保存理论指出，不断进行资源投资以避免自身的资源进一步遭受损失。例如，Halbesleben 和 Bowler 发现，在情绪耗竭时，员工希望流失的资源能够在领导或同事处得到补充，因此他们会采取针对领导与同事的组织公民行为。但是这类投资行为也会消耗个人的价值观。当个体与组织价值观发生冲突，负面预期较高的员工可能不会公开表达自己的价值观，而是压制并表达对组织的支持，因此这类群体有可能表现出表面顺从。依恋理论（Attachment Theory）也被用于解释不同的依恋特质对表面顺从的影响。该理论指出，具有不同依恋特质的个体会采取不同的行为策略以应对压力，回避型依恋个体会表现出防御姿态，抑制情绪表达；焦虑型依恋的个体则会努力寻求他人的支持与接受。表面顺从是一种回避性行为，隐藏自己防止受到组织排斥，因而会受到两种依恋特质的影响。

6.2.4 对表面顺从影响因素的研究评述

组织情境因素多从归属的视角解释，领导因素多从交换的视角解释，个体因素多从资源保存的视角进行解释。从社会交换的视角来看，下属是否表面顺从会受到领导者态度与行为的影响，当下属感受到来自领导者的消极对待时，会基于自保需求而表面顺从，当领导者表现出比较正直、诚信、积极地对待下属的态度时，下属为了回报领导会表达真实自我力求促进组织发展。然而，Hewlin 等的研究表明，领导者诚信会调节员工价值观不一致与表面顺从的关系，员工可能认为遵从组织规范就是回报组织的一个好的途径，反而会激发表面顺从。个体产生表面顺从的边界条件仍然值得探讨。

6.3 表面顺从的影响结果

表面顺从的个体努力压抑自身的价值观以匹配组织价值观，这种心口不一的行为对个体自身的情绪、状态、行为等都会产生不利影响。本节将从个体的工作行为及个体的工作态度与心理两个层面梳理表面顺从的影响结果。

6.3.1 表面顺从对个体工作行为的影响

表面顺从可以视为个体资源损耗后的一种防御机制，然而由于这种行为具有压抑性，消耗了个体的价值观资源、认知资源与情感资源，会使个体难以维持积极的角色内行为，往往会对员工的行为带来消极影响。表面顺从对个体工作行为的影响归纳见表 6-4。

表 6-4　表面顺从对个体工作行为的影响

维度	学者	观点
组织公民行为	Anjum（2015）；张媛（2022）；Yildiz 等（2023）	组织公民行为是提高组织的整体效能的角色外行为，当员工努力压抑自身的价值观时，会增加自身心理资源的损耗，从而减少角色外行为的实施
创造力	Sharma，C. S. 和 Sharma，N.（2014）	创造力是个体投身于创新、竞争力和投资回报的过程，与那些墨守成规的、被限制的行为相反。而表面顺从就是一种自我掩饰的，受限于组织价值观的伪装行为，不利于创造力的表达
生产力	Sharma，C. S. 和 Sharma，N.（2014）	个体价值观的表达被限制时，个体往往会感觉在组织中被控制而不是被支持，并感受到不信任和不一致，从而会降低生产力
进言行为	Chou 等（2020）	员工可以通过表面顺从来影响他人对自己的看法，并以此获得领导的注意，与上级建立联系。因此，为了印象管理的目的，个体可能会采取表面顺从来隐藏自身与组织不一致的地方，以进行印象管理
不道德工作行为	Kalyanamitra 和 Sriyakul（2021）	表面顺从的个体会消耗大量的心理资源，导致自身产生不道德工作行为等防御性行为

维度	学者	观点
旷工	Akhtar 等（2022a）	资源的损失具有螺旋效应，当个体受到剥削型领导的操纵时，为了保护自身宝贵的资源，个体会产生表面顺从，并进一步将旷工行为作为一种应对资源损失的机制
工作参与	Hunter 等（2012）；Hewlin 等（2017）	当员工觉得自己的价值观与组织的价值观一致时，他们会觉得自己的工作更有意义，从而产生更多的工作参与。相反，当员工由于与组织价值观不一致而表面顺从时，会降低情感与认知的投入，消耗重要的自我调节和认知资源，减少工作参与

注：依据资料整理所得。

表面顺从对个体行为的影响的理论解释主要从资源保存理论和印象管理理论展开。资源保存理论被用于解释个体的一些消极行为的增加和积极行为的减少。如旷工的增加和组织公民行为的减少。该理论认为，个体资源是有限的，且资源的损失会具有螺旋效应。当资源损失时，个体会激发防御机制，保护现有资源，减少资源的损耗。因此，为了产出与投入的公平性，个体会减少组织公民行为，增加旷工行为。印象管理理论指出，建言行为是个体出于自身利益而使用的一种策略。当个体希望给领导一个好的印象以建立联系时，可能会隐藏自身与组织不一样的真实想法，并采取建言行为加以掩饰。

6.3.2 表面顺从对个体工作态度的影响

表面顺从是一种工作角色外的行为，会消耗个体的心理资源，因而会给个体的情绪、心理、态度带来影响，尤其是情绪耗竭、工作压力等负面影响。本研究对表面顺从影响个体工作态度与工作心理的研究进行归纳，总结见表6-5。

表 6-5　表面顺从对个体工作态度与工作心理的影响

维度	学者	观点
工作满意度	Phillips 等（2016）；Chou 等（2020）	员工的外部行为与其内部价值观之间的不一致会使员工产生负面情绪，同时会产生更大的压力，这种情况下员工的工作满意度会降低
情感承诺	Anjum（2015）；Hewlin 等（2016）	当员工假装与组织价值观一致时，会感受到自己的核心价值观受到影响，这种情况下，员工不愿意与组织建立更亲密的关系。因此，员工的表面顺从会弱化其对组织的情感承诺
离职意愿	Hewlin（2009）；Hewlin 等（2016）；Miller（2021）	当员工努力压抑自己的价值观以迎合组织的价值观时，他们工作的环境让他们感到压抑自己的观点和信仰的压力。这种现实的持续显著性最终会削弱一个人留在组织的意愿
工作绩效	Anjum（2015）；Cheng 等（2022）	组织价值观和个人价值观的不一致构成了一种独特的情境约束。此时，员工被迫压制自己的核心价值观来表达对组织价值观的忠诚，他们就无法表达真实的自我，并消耗更多的认知资源，对绩效产生负面影响
领导者对下属的绩效评价	姜平和张丽华（2021）	高集体主义倾向的领导者更希望下属以组织利益为先。表面顺从可以被视为一种拥护组织的行为表达，符合高集体主义领导对下属拥护组织的期待，因而高集体主义领导者面对表面顺从的下属时，倾向于展示更高的绩效评价
情绪耗竭	Hewlin（2009）；Hunter 等（2012）；Sharma, C. S. 和 Sharma, N（2014）；Anjum（2015）；Anjum 和 Shah（2017）；Devine 和 Hunter（2017）；Akbar 和 Akhtar（2018）；Chou 等（2020）；Akhtar 等（2022b）	情绪耗竭是在工作过程中为了应对压力产生的情绪能量的消耗。表面顺从会压抑个体真实的自我，这类不真实的行为会耗费持续的心理、认知、情感的努力，会导致内疚等，随着时间的推移这些负面反馈都会使人情绪疲惫
工作压力	Phillips 等（2016）	表面顺从要求个体承担工作角色外的行为，会使员工认为自身无法满足所面临的需求，因此将导致员工经历工作压力

129　　　　　　　　　　　　　　　　　　　　　　　第六章

维度	学者	观点
孤独感	Babar（2018）	表面顺从是个体的一种伪装行为，这种表面上融入组织但是实际上与组织价值观相反的现象会使个体认为自身与组织存在很大的距离感
抑郁	Akhtar 等（2022a）	被剥削的员工产生表面顺从时，往往会对他们的新想法感到不安，并进一步导致心理健康状况不佳，产生如抑郁等问题

注：依据资料整理所得。

资源保存理论在当前研究中被广泛用于解释表面顺从给个体心理带来的一些负面影响，尤其是情绪耗竭。资源保存理论认为，个人会努力保护自身的资源，当资源产生损失时，个体就会开启防御机制，经历紧张等情绪。因为此时，损失资源的员工会发现现有资源不足以满足其需求。个人的价值观也可以被视为一种重要的资源，因此，当个人价值观与组织价值观存在不一致的现象时，表面顺从行为则会耗费大量的认知与情感资源，从而造成耗竭、疲惫等负面的心理状态。此外，工作需求–资源模型也可以被用于解释个体表面顺从后产生的负面心理状态。Maslach 和 Jackson 认为，个体情绪耗竭的产生是因为工作需求超过了资源并产生了损耗。而表面顺从由于是一种不真实的自我表达，会持续地损耗个体自身的情绪、认知等资源，超出自己的工作需求，从而导致进一步的情绪耗竭。

6.3.3 表面顺从影响结果的研究评述

当前，表面顺从对个人心理影响的理论解释主要从个人资源的视角展开。价值观被视为个体的一种重要的资源，当个人将资源更多地花费在压制个人价值观时，用于其他行为的资源就会减少，因此表面顺从往往会给员工个人，给组织带来负面影响。例如，个体表面顺从会造成孤独感，降低自身对组织的情感承诺、组织归属感，减少员工的工作投入，甚至使员工产生离职倾向。然而，从表面顺从的影响因素看，其本身也是个体为应对组织的不利环境与领导的压力而产生的一种防御性行为，表面顺从产生积极效应的相关研究相对不足。例如，表面顺从可能会减少个体在组织中的排斥，使个体的晋升更为顺畅。

图 6-1 归纳了表面顺从的影响因素与影响结果。

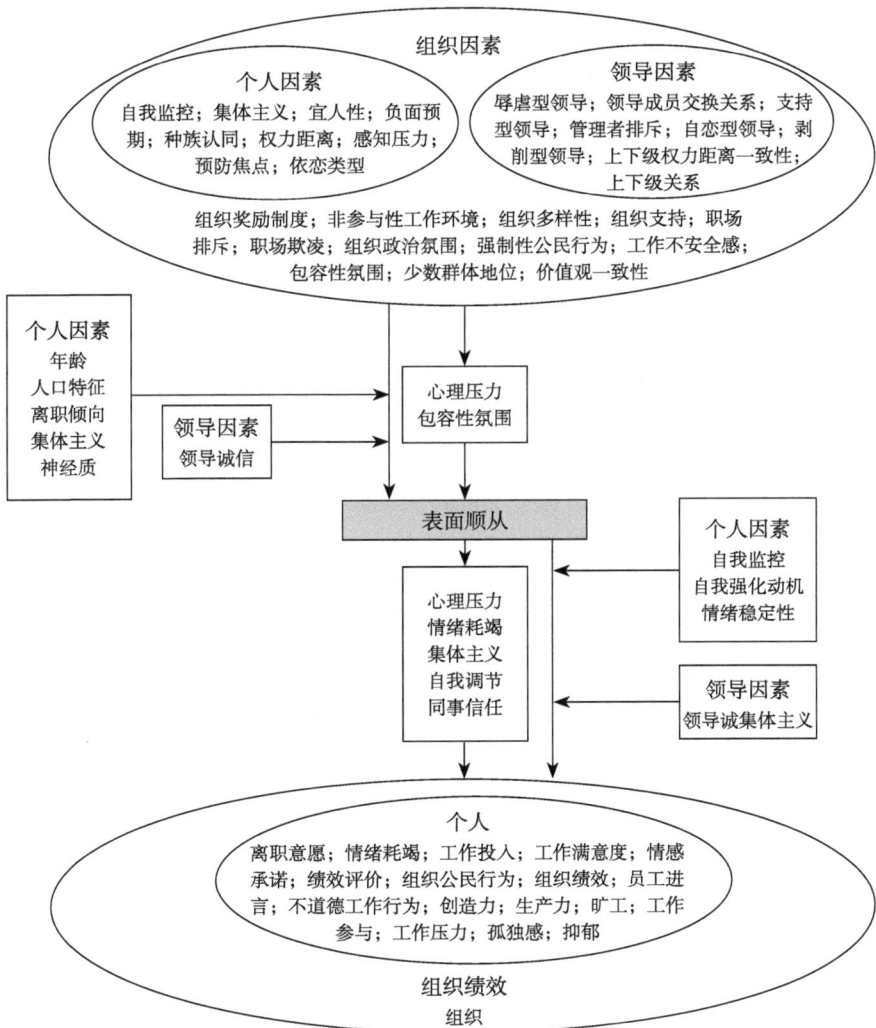

图 6-1　表面顺从的研究框架
（资料来源：文献整理所得）

6.4 未来研究展望

综上所述，尽管表面顺从的相关研究已取得一定的进展，但是仍发展缓慢，表面顺从作为"价值观匹配"角度展开的概念，对于了解组织内个体的行为，提高组织效率具有一定意义。本节为表面顺从在未来可开展的研究方向提出建议。

（1）表面顺从研究情境需要进一步拓展

作为组织内个体的行为，对表面顺从的讨论离不开组织情境。当前针对表面顺从的研究主要集中于企业情境，除此之外，也有研究针对大学情境、医院情境（护士）与部队情境（中国台湾新兵）。但是当前较少研究从公共部门展开。事实上，公共部门中也存在表面顺从的可能。为了实现公共管理的目标，行政组织需要建立公职人员的服从体系，公职人员被要求严格服从不违反法律的上级命令，这种服从要求可能会造成公职人员产生"口服心不服"的顺从现象。因此，表面顺从的研究情境或许可以延伸到公共领域。

（2）增加表面顺从的本土化研究

在中国情境下研究西方学者所提出的概念，不能忽略中华传统文化价值观差异带来的影响，中华传统文化可以影响个体的价值观念和思维，如中国社会强调中庸原则，这种原则注重面子价值和人情观念，在处理内心及人际冲突时最能显现出来。因为在冲突情境中对立性较强，更突显"以中为美"及以和谐方式来化解冲突的重要性。具备中庸思维的人，在自身与组织价值观之间存在冲突时，为了顾全大局，更可能采取表面顺从。集体主义是影响个体在组织中认知和行为的一个重要文化价值观维度，高集体主义者会依据组织的价值观构建自己的价值观，将集体价值观置于个人价值观之上，西方社会背景下，已有研究表明集体主义会诱发表面顺从，中国社会相较于西方而言，更强调集体主义价值观。据此，或许中国社会背景下，表面顺从现象可能更为突出，这有待进一步探讨。

（3）表面顺从的代际化差异与动态化研究

近年来，"80后""90后"逐渐成为职场的中坚力量，组织内部多代共存的现象愈加突出，了解企业内部主体员工的价值观特点，对员工的有效管理具有重要意义。过往研究表明，年轻化员工自身与组织价值观匹配的关系更弱，"80后"尤其是"85后"的员工认为内在价值观会让他们充满成就感，当目前的职业与预期出现偏差时，他们更倾向于重新寻找适合自己的企业，与之相反，"80前"的员工更尊重传统的价值观，对权威和组织要求有天然的服从倾向。"80前"的组织员工在价值观不一致的情况下，有可能会顺从于组织价值观，而"80后"员工则相反，更注重自我表达。

组织内员工自身的年龄变化也会影响表面顺从，随着职业生涯的发展，年龄越大，对职业的关注越少，员工反而会愿意表达自我，由此可见，表面顺从也具有动态化的特点，个体并不总是会隐藏自身的价值观。因此，未来研究中可以采取时间序列数据对个体在组织中的表面顺从进行探讨，挖掘表面顺从的代际化差异，进行动态化研究。

参考文献：

［1］程文，黄嘉欣，马建会. 组织中的表面顺从：概念、测量、前因与后果［J］. 中国人力资源开发，2019，36（12）：53-68.

［2］陈文平，段锦云，田晓明. 员工为什么不建言：基于中国文化视角的解析［J］. 心理科学进展，2013（5）：905-913.

［3］姜平，张丽华. 委屈可以求全吗？自我表现视角下职场排斥对个体绩效的影响机制［J］. 心理学报，2021，53（4）：400-412.

［4］李洪，叶广宇，赵文丽. 距离产生美：跨国并购中个人／集体主义价值观差异的不对称效应［J］. 南开管理评论，2019，22（6）：152-164.

［5］李佳. 论公务员的服从及其责任——对《公务员法》第54条的检视与批判［J］. 行政法学研究，2014（2）：98-103.

［6］李锐，凌文辁，柳士顺. 传统价值观、上下属关系与员工沉默行为——一项本土文化情境下的实证探索［J］. 管理世界，2012（3）：127-140.

［7］廖化化，颜爱民. 情绪劳动的内涵［J］. 管理学报，2015，12（2）：306-312.

［8］刘永荣，唐志华. 公务员可以对上级说"不"的法理分析——以"权利·义务·责任"为分析路径［J］. 河南公安高等专科学校学报，2010，19（2）：101-103.

［9］刘苹，郑沙沙，吴继红. 代际差异对员工行为的影响研究："80后"与"80前"的对比［J］. 中国行政管理，2012（5）：65-67.

［10］栾贞增，杨东涛. 无边界价值观管理——基于A.O.史密斯公司的案例研究［J］. 中国工业经济，2015（2）：148-160.

［11］曲怡颖，徐振亭，闫佳祺. 自我牺牲型领导对员工工作-家庭平衡的影响：链式中介与集体主义倾向的调节［J］. 管理评论，2021（12）：272-283.

［12］邵爱国，朱永新. 中庸之道与现代人力资源管理［J］. 中国人力资源开发，2005（6）：58-61.

［13］宋官东. 对从众行为的新认识［J］. 心理科学，1997（1）：88-90.

［14］宋官东. 对从众行为的再认识［J］. 心理科学，2002，25（2）：202-204，193.

［15］宋官东. 从众新论［J］. 心理科学，2005，28（5）：1174-1178.

［16］宋官东，张雷. 论顺从［J］. 社会科学辑刊，2007（6）：37-41.

［17］苏晓艳，苏俊，田海英. 员工-组织价值观匹配的代际差异及其对挑战性组织公民行为的影响［J］. 管理工程学报，2021（5）：26-40.

［18］谭小宏. 个人与组织价值观匹配对员工工作投入、组织支持感的影响［J］. 心理科学，2012（4）：973-977.

［19］王玉峰. 工作价值观代际差异："ZRF框架"及其突破［J］. 贵州社会科学，2015（7）：129-135.

［20］吴欢伟，许彦妭. 表面和谐：概念、测量及研究进展［J］. 中国人力资源开发，2017（1）：52-58.

［21］吴隆增，刘军，许浚. 职场排斥与员工组织公民行为：组织认同与集体主义倾

向的作用［J］. 南开管理评论，2010（3）：36-44.

［22］熊能. 浅谈我国公务员的群体行为和激励［J］. 营销界，2021（33）：60-61.

［23］许希，向娇娇，任华亮，等. 员工—组织价值观一致性与员工满意度的关系研究——组织公平感的调节作用［J］. 经营与管理，2022（4）：73-79.

［24］杨中芳. 传统文化与社会科学结合之实例：中庸的社会心理学研究［J］. 中国人民大学学报，2009（3）：53-60.

［25］杨时羽，任润，张占武，等. 领导风格和代际特征对中国制造业员工离职的影响［J］. 经济科学，2021（2）：97-109.

［26］尹文阳. 自恋型领导对员工表面顺从行为的影响研究［D］. 成都：西南财经大学，2022.

［27］尤佳，孙遇春，雷辉. 中国新生代员工工作价值观代际差异实证研究［J］. 软科学，2013（6）：83-88，93.

［28］詹小慧，杨东涛，栾贞增. 个人与组织价值观匹配对员工建言的影响［J］. 当代财经，2017（6）：80-87.

［29］张媛. 团队情境下员工表面一致的形成机制及其绩效结果——基于中国跨国公司的研究［D］. 成都：西南财经大学，2022.

［30］赵君，刘钰婧，梅伟，等. 真实型领导、内部人身份认知与顺从型组织公民行为：一个有调节的 U 型中介效应模型［J］. 管理工程学报，2021（1）：36-46.

［31］周红艳. 辱虐管理给领导者带来了什么？——基于领导下属互动的视角［D］. 兰州：兰州大学，2018.

［32］ADIL M S，OWAIS M，QAMAR A. Impact of occupational stress，interpersonal trust，and organizational commitment on valence，OCB and job satisfaction：A variance-based SEM analysis［J］. Journal of Management Sciences，2018，5（1）：38-61.

［33］AKBAR F，AKHTAR M W. Relationship of LMX and agreeableness with emotional exhaustion：A mediated moderated model［J］. Current Psychology，2018，37（4）：862-874.

［34］AKHTAR M W，SYED F，JAVED M，et al. Grey shade of work environment triad-effect of supervisor ostracism and perceived organizational obstruction on employees' behaviour：A moderated-mediation model［J］. Leadership and Organization Development Journal，2020，41（5）：669-686.

［35］AKHTAR M W, HUO C, SYED F, et al. Carrot and stick approach: The exploitative leadership and absenteeism in education sector ［J］. Frontiers in psychology, 2022a, 13: 890064.

［36］AKHTAR M W, GARAVAN T, HUO C. Creating facades of conformity in the face of abusive supervision and emotional exhaustion: The boundary role of self-enhancement motives ［J］. Current Psychology, 2022b.

［37］ANJUM M, SHAH S Z A. Indirect effects of FNE and POP on emotional exhaustion: The role of facades of conformity ［J］. Business and Economic Review, 2017, 9（2）: 225-254.

［38］ANJUM M. Effects of façade creation on employee's affective commitment, OCB and performance testing of a moderated-mediation model ［J］. Journal of Business and Economics, 2015, 7（2）: 136-170.

［39］ASCH S E. Studies of independence and conformity: I. A minority of one against a unanimous majority ［J］. General and Applied, 1956, 70（9）: 1-70.

［40］BABAR A. Outcomes of person-organization misfit; Examining the mechanism through workplace loneliness and the conditional effects of facades of conformity （doctorial dissertation）［D］. Columbus: Capital University, 2018.

［41］BAUMEISTER R F, LEARY M R. The need to belong: Desire for interpersonal attachments as a fundamental human motivation ［J］. Psychological Bulletin, 1995, 117（3）: 497-529.

［42］CHATTOPADHYAY P, TLUCHOWSKA M, GEORGE E. Identifying the ingroup: A closer look at the influence of demographic dissimilarity on employee social identity ［J］. Academy of Management Review, 2004, 29（2）: 180-202.

［43］CHENG W, HUANG J, XIE J. Facades of conformity: A values-regulation strategy links employees' insecure attachment styles and task performance ［J］. Current Psychology, 2022.

［44］CHOU H H, FANG S C, YEH T K. The effects of facades of conformity on employee voice and job satisfaction: The mediating role of emotional exhaustion ［J］. Management Decision, 2020, 58（3）: 495-509.

［45］DEVINE K, HUNTER K H. PhD student emotional exhaustion: The role of supportive supervision and self presentation behaviours ［J］. Innovations in

Education and Teaching International, 2017, 54（4）: 335-344.

［46］FLIPPEN A R. Understanding group think from a self-regulatory perspective［J］. Small Group Reserach, 1999, 30（2）: 139-165.

［47］FRALEY R C, GARNER J P, SHAVER P R. Adult attachment and the defensive regulation of attention and memory: Examining the role of preemptive and postemptive defensive processes［J］. Journal of Personality and Social Psychology, 2000, 79（5）: 816-826.

［48］KALYANAMITRA P, SRIYAKUL T. The dark side of leadership as a predictor of employees unethical behavior in the context of thiland［J］. International Journal of Crime, Law and Social Issues, 2021, 7（2）: 38-48.

［49］KELMAN H C. Compliance, identification, and internalization three processes of attitude change［J］. The Journal of Conflict Resolution（Pre-1986）, 1958, 2（1）: 51.

［50］KOCHANSKA G, AKSAN N. Mother-child mutually positive affect, the quality of child compliance to requests and prohibitions, and maternal control as correlates of early internalization［J］. Child Development, 1995, 66（1）: 236-254.

［51］LEITER M P, GASCO'N S, MARTI'NEZ-JARRETA B. Making sense of work life: A structural model of burnout［J］. Journal of Applied Social Psychology, 2010, 40（1）: 57-75.

［52］LIANG H. Testing approach and avoidance motives and job satisfaction: Psychological contract breach as a moderator of the mediating roles of tactics［J］. The International Journal of Human Resource Management, 2017, 28（3/4）: 481-498.

［53］LIANG H L. Compulsory citizenship behavior and facades of conformity: A moderated mediation model of neuroticism and citizenship pressure［J］. Psychological Reports, 2021, 168: 1-21.

［54］LIANG H L. How workplace bullying relates to facades of conformity and workfamily conflict: The mediating role of psychological strain［J］. Psychological Reports, 2020, 123（6）: 2479-2500.

［55］LIAO S, ZHOU X, GUO Z, et al. How does leader narcissism influence employee voice: The attribution of leader impression management and leader-member exchange [J]. International Journal of Environmental Research and Public Health, 2019, 16 (10): 1819-1832.

[56] LOUIS M R. Surprise and sense making: What newcomers experience in entering unfamiliar organizational settings. Administrative Science Quarterly, 1980, 25 (2): 226-251.

[57] MASLACH C, JACKSON S E. The measurement of experienced burnout [J]. Journal of Occupational Behavior, 1981, 2 (2): 99-113.

[58] MCDONALD P, GANDZ J. Getting value from shared values [J]. Organizational Dynamics, 1992, 20: 64-77.

[59] MILLER E. The costs of creating facades of conformity while living abroad [D]. 成都: 西南财经大学, 2021.

[60] MIKULINCER M, SHAVER P R. Attachment theory and emotions in close relationships: Exploring the attachment-related dynamics of emotional reactions to relational events [J]. Personal Relationships, 2005, 12 (2): 149-168.

[61] MIKULINCER M, SHAVER P R. Reflections on security dynamics: Core constructs, psychological mechanisms, relational contexts, and the need for an integrative theory [J]. Psychological Inquiry, 2007, 18 (3): 197-209.

[62] HALBESLEBEN J R B, BOWLER W M. Emotional exhaustion and job performance: The mediating role of motivation [J]. Journal of Applied Psychology, 2007, 92 (1): 93-106.

[63] HEWLIN P F. And the award for best actor goes to··· : Facades of conformity in organizational settings [J]. Academy of Management Review, 2003, 28 (4): 633-642.

[64] HEWLIN P F. Wearing the cloak: Antecedents and consequences of creating facades of conformity [J]. Journal of Applied Psychology, 2009, 94 (3): 727-741.

[65] HEWLIN P F, KIM S S, SONG Y H. Creating facades of conformity in the face of job insecurity: A study of consequences and conditions [J]. Journal of Occupational and Organizational Psychology, 2016, 89 (3): 539-567.

[66] HEWLIN P F, DUMAS T L, BURNETT M F. To thine own self be true? Facades of conformity, values incongruence, and the moderating impact of leader integrity [J].

Academy of Management Journal, 2017, 60（1）: 178-199.

［67］HOBFOLL S E. Conservation of resources. A new attempt at conceptualizing stress［J］. The American psychologist, 1989, 44（3）: 513-524.

［68］HOBFOLL S E, HALBESLEBEN J, NEVEU J P, et al. Conservation of resources in the organizational context: The reality of resources and their consequences［J］. Annual Review of Organizational Psychology and Organizational Behavior, 2018, 5: 103-128.

［69］HOCHSCHILD A R. Emotion work, feeling rules, and social structure［J］. American Journal of Sociology, 1979, 85（3）: 551- 575.

［70］HOGG M A. Subjective uncertainty reduction through self-categorisation: A motivational theory of social identity process［J］. European Review of Social Psychology, 2000, 11（1）: 223-255.

［71］HOGG M A. Uncertain self in a changing world: A foundation for radicalization, populism, and autocratic leadership［J］. European Review of Social Psychology, 2021, 32（2）: 235-268.

［72］HUNTER K H, LUCHAK A, DEVINE K. Limiting facades of conformity and its impact: The role of supportive employment relationships［A］. Paper Presented at the Annual Meeting of Academy of Management, Boston, America, 2012.

［73］HUGHES E C. Men and their work［M］. Glencoe, IL: Free Press, 1958.

［74］IBRRA H. Provisional selves: Experimenting with innage and identity in professional adaptation［J］. Administrative Science Quarterly, 1999, 44（4）: 764-791.

［75］PERRIGINO M B, JENKINS M. Antecedents of facades of conformity: When can employees "be themselves"?［J］. Journal of Humanities and Applied Social Sciences, 2022, 5（4）: 323-338.

［76］PHILLIPS T N, WILLIAMS F, KIRKMAN D. An examination of facades of conformity as social mobility strategy［J］. Advances in Business Research, 2016, 7（1）: 103-119.

［77］POSNER B Z, KOUZES J M, SCHMIDT W H. Shared values make a difference: An empirical test of corporate culture［J］. Human Resource Management, 1985, 24: 293-310.

[78] RUPP D E, SPENCER S. When customers lash out: The effects of customer interactional injustice on emotional labor and the mediating role of discrete emotions [J]. Journal of Applied Psychology, 2006, 91 (4): 971-978.

[79] SALANCIK G R, PFEFFER J. A social information processing approach to job attitudes and task design [J]. Administrative Science Quarterly, 1978, 23 (2): 224-253.

[80] SHARMA C S, SHARMA N. Impace of facades of conformity on self-monitoring and emotional exhaustion-an investigation into its causes [J]. Vidya International Journal of Management Research, 2014, 2 (1): 38-44.

[81] STORMER F, DEVINE K. Acting at work: Facades of conformity in academia [J]. Journal of Management Inquiry, 2008, 17 (2): 112-134.

[82] VAN DEN BOS K, LIND E A. Uncertainty management by means of fairness judgments [J]. Advances in experimental social psychology, 2002, 34: 1-60.

[83] VIGODA-GADOT E. Compulsory citizenship behavior: Theorizing some dark sides of the good soldier syndrome in organizations [J]. Journal for the Theory of Social Behaviour, 2006, 36 (1): 77-93.

[84] VOGEL R M, MITCHELL M S. The motivational effects of diminished self-esteem for employees who experience abusive supervision [J]. Journal of Management, 2017, 43 (7): 2218-2251.

[85] YANG F, HUANG X, WU L. Experiencing meaningfulness climate in teams: How spiritual leadership enhances team effectiveness when facing uncertain tasks [J]. Human Resource Management, 2019, 58 (2): 155-168.

[86] YILDIZ B, KAPTAN Z, YILDIZ T, et al. A systematic review and meta-analytic synthesis of the relationship between compulsory citizenship behaviors and its theoretical correlates [J]. Frontiers in psychology, 2023, 14: 1120209.

（本章感谢左臣惠同学在采集资料、整理文稿中的积极贡献）